浸泡

被扭曲的臺灣史

駱芬美／著

1684—1972

撥開三百年的歷史迷霧

歷史學家的「橘子蘋果經濟學」

宋光宇（前中央研究院歷史語言研究所研究員）

駱芬美教授要出第三本有關臺灣歷史的書，這是好事，值得鼓勵和讚佩。

現在的大學教授除了正規的上課教書之外，還有許多額外的工作要做。像是學生課業表現不佳，系上要成立課業輔導小組。學生參加課外活動，導師要隨時注意安全，以防意外發生；學系要有緊急事件處理的機制，一旦有意外狀況，必須在第一時間抵達現場處理，如此等等，讓大學教授疲於奔命，成了全天候的家教、保姆，甚至是保鏢。

在這樣繁重的輔導工作之外，教授還必須做踏實的學術研究，要在有國際水準的學術期刊上發表研究論文或專書，否則無法在規定的六年或八年期限內完成升等。不能升等，就要解聘，由此可見現在臺灣的教授所面對的外在環境是如何艱困和險惡。

這些年來，駱教授非常用功，幾乎是一年出一本有關臺灣史的書。她廣泛蒐集各種相關資料，爬梳整理，發現許多一般人所認知的臺灣史實，原來不是想像中那個樣子。

她用史家的春秋筆法，將歷史事實娓娓道來，讓讀者可以很輕鬆地認識到那些歷史事件原來是這樣形成的。這需要很大的耐心和毅力。

這本新書中，駱教授集中在臺灣割讓給日本這一件事的前因後果。她提出一個平時我們不會注意的因素，那就是有幾個瘋狂的美國人在十九世紀時一直鼓吹占領臺灣，美國政府不理會他們的鼓吹。他們轉而去鼓動日本，日本被他們說動了，在甲午戰後的《馬關條約》中，方才把臺灣當成俎上肉，任由他們宰割；而我們卻一直把美國當成是最可靠的盟友。

讀完駱教授長篇文章，才恍然大悟，美國人真不可靠。表面上是一回事，背地裡又是另外一回事。到現在中南部的地下電臺還在宣傳「中共一旦入侵，美軍立刻前來保護」的言論。瞭解美國人的陰險，再聽這些言論，你就知道其中的陰謀了。

學歷史，最大的快樂就是做成翻案文章。經過一番努力，蒐集各種資料，詳加比對，發現另有一番天地。這種情形正像另一本發人深省的社會學書籍《蘋果橘子經濟學》（*Freakonomics*），此書旨在探尋事物背後隱藏的另一面，作者強調「誘因」是解開謎團的關鍵。只要找到真正的誘因，就可以解開所有人類行為的表面，直入本因。就像是拿一把經濟學的剖刀，切開蘋果的表皮後，發現裡面竟然是橘子。這種剖刀憑藉的是經濟學裡俯拾皆是的工具，不同的只是改由最有趣而關鍵的點切入。當然，除了經濟學，歷史學、考據學更是這方面的利器。這種異乎想像的結果，正是歷史學家醉心著迷的地方。清代的考據學就有這種效果，閻若璩曾潛心研究《古文尚書》三十餘年，撰成《尚書古文疏證》八卷，引經據典，確定《古文尚書》為東晉梅賾所偽著。

清代和民國時期的大學者如黃宗羲、紀昀、錢大昕、梁啟超、胡適等人，皆以為「偽古文《尚書》」的「定案」實歸功於閻若璩。可是近三十年來考古工作所發掘得到的春秋戰國時代的竹簡，為數已十多萬枚，發現那些被認為是偽作的古文尚書內容，竟然出現在這些出土的竹簡中。這等於宣告閻若璩的心血與考證是白費功夫，《古文尚書》是有根據的。這是另一種歷史的「蘋果橘子經濟學」，也是歷史學家的最大樂趣。

駱芬美的這本書就具有這種「蘋果橘子經濟學」的效果。只是她比較忠厚，沒有用太犀利的筆法，血淋淋地直刺那些在亂賣臺灣的鬼子們。

值此出版之際，寫出我的讀後感，以為序。

二〇一五年一月十五日 寫於筆耕田書秀

推薦序二

自己歷史自己說

翁佳音（中研院臺灣史研究所副研究員）

三度為駱芬美老師的新書寫推薦，我非常樂意。

繼探討被「誤解」與「混淆」的通行臺灣史陸續出版後，駱老師又一路寫到十八、九世紀，包括美國人與臺灣關係，乃至日本時代到現在一些被「扭曲」的歷史。前兩本銷售熱絡，迴響巨大，這本新著維持盛況，應可預期。

這無非是顯示我們的知識文化界，正在步入自己歷史要自己想、自我再造之新時代。是時候了。

「誤解」、「混淆」與「扭曲」，本來就是歷史編纂的辯證過程，沒啥好奇怪。我們的國家史觀、影像，並非單純是「客觀歷史」之產物，反而絕大部分為統治階層或族群因應統治需要，篩選過往發生之事，經拿捏分寸後，透過知識通路，如戲劇、教科書與考試等的操縱，入殖我們腦中。

「歷史」既然經篩選、拿捏，扭曲、捏造與誤導就不可避免。當被統治者覺醒時，會「反」，會試圖爭回撰寫與解釋權，統治者也一定急於「撥亂反正」。國內民主化過程中，一連串的歷史教科書攻防戰，事實上就是露骨的政治鬥爭。

戰火煙霧裡，身為歷史老師、研究者，難免會心焦地想替一般人撥雲見日。駱老師於是陸續在本書中告訴你臺灣歷史課如何被外人扭曲、我們為何莫名其妙會有個「國父」，等等。她熱情地想向學生、讀者訴說真實的「歷史」該是什麼樣子，並且呼籲大家共襄盛舉。時候到了，我響應。除為文推介外，附和講一下我對於「自己歷史自己說」的看法，讓大家看完此書後，在對官版歷史不信任之餘，多打開些歷史想像力。

我想，臺灣史有時很詭異，我們在批判外來統治者扭曲時，無意中會受其論述方向影響而忘記多方解放。比方，駱老師提到臺灣民主國時，強調是近代臺灣歷史上僅有的「建國紀錄」，而在更早，則有清初大學者黃宗羲直陳鄭成功「建國東寧」。問題來了，到底：鄭氏王朝是海賊，還是海洋政權？若是後者，那接下來的清代臺灣海賊該如何看待？十九世紀初，臺灣沿海地區有「鎮海威武王」蔡牽出沒，合流的山賊也不少。日本時代統治者說臺灣土匪夥、叛亂多，原因之一是臺灣人民族本性為「海賊之流亞」，與清朝官僚罵「台民好亂」，口氣一樣。甚至在戰後五、六〇年代經濟開始起飛，我們曾被國際間批評為「海盜」（pirate，仿冒）王國，「臺灣製造」（Made in Taiwan）也曾經不是那麼光彩。

面對類似的扭曲或批評，我不建議只作對立面的抗辯與解釋。被顛倒的歷史固然該再顛倒回來，不過，老是修正大國，例如中國的史觀，畢竟易被牽動，失去主體。「臺灣錢，淹腳目」，如今在中國大國之前反而是一種諷刺。上述山賊或海賊故事，也不錯啊，至少比滿口清廉道德者更具真實性。歐美歷史不乏海盜變成海軍將領的插曲，英語的海盜 **buccaneer**、**pirate**，以前閩南話都翻譯成「海洋」。小說戲曲中的「做十三年海洋」，說的可是幹了十三年海盜，討海為生，我們不是要強調海洋史嗎？

所以，研究態度謹嚴、文思泉湧的駱老師，期待未來的第四本，不妨在誤解、混淆與扭曲之後，亦可另闢園地，講些其他被遺忘的有趣歷史，如何？

二〇一五年一月三十一日 於臺北

推薦序三

用圖像讓庶民走進臺灣歷史隧道

楊蓮福（元智大學助理教授 電視歷史評論員）

美國歷史學者海登．懷特（Hayden White）於一九八八年提出「影視史學」的概念，臺大歷史系教授周樑楷擴大「影視」範疇，說成「影像視覺」，指的是「包含各種視覺影像，包含靜態平面的照相和圖畫，立體造型的雕塑、建築、圖像等，都屬於這個範疇」。在這種「影視史學」概念下，利用媒體或圖像解釋歷史，成為一種新趨勢，有凌駕傳統「以史載道」的書寫方式，成為「以圖說史」的故事敘述，所謂「一張圖勝過千言萬語」，榮獲二〇一四年金石堂年度出版風雲人物的駱芬美教授，便是「影視史學」概念撰寫臺灣史的箇中翹楚。她的《被誤解的臺灣史》、《被混淆的臺灣史》等書，即是其代表著作。

臺灣本土歷史之詮釋，長期在國民黨「大中國意識」和「為黨國服務」的目標下，被誤解、混淆和扭曲，直至上世紀九十年代，臺灣歷史研究不再封閉受限，逐漸興盛成一顯學，開始流行以圖像敘述臺灣通史，如周婉窈《臺灣歷史圖說》、楊蓮福《圖說臺灣歷史》、《圖說臺灣ㄟ代誌》等著作，都有數萬本銷量，顯示以圖像解讀臺灣歷史，有其潛在市場。

個人長期推動以圖像解釋臺灣史，為達此一目標，多年來奔波海內外，蒐羅臺灣歷史文化圖像數萬張之鉅，將這些圖像透過出版、展覽、學術研究及文創產品開發多重管道，期待「以圖說史」，符合現代庶民圖像閱讀習性，落實「影視史學」概念，將臺灣歷史生活化、庶民化，再創臺灣本土研究另一波高潮，這種現象在二〇一四年三月的「太陽花學運」已見其端倪，新生一代對臺灣土地的熱愛和渴望，已超越藍綠政治範疇，成為全民共識，如何透過文字、圖像及新媒體來認識自己的家園，已是大勢所趨。

在「用圖像認識臺灣」、「讓庶民瞭解歷史」的社會氛圍下，駱芬美教授第三本著作《被扭曲的臺灣史》一書即將付梓問世，向本人商借老照片並撰文推薦，甚感榮幸和惶恐。此書承襲駱芬美教授的撰史風格，主要有幾項特色：第一，利用親臨歷史現場拍攝照片，或以老照片驗證歷史為其特色。另一特色則是利用臺灣史學術論文的研究精華，予以濃縮，並加以註釋，讓庶民得以一窺學術殿堂之研究成果，有其史實根據，用淺顯易懂的文字呈現，不會艱澀無趣。第三項特色是大量使用社會科學研究，數量化之數據、讓庶民能弄清楚臺灣歷史古今之差異。這幾項特色在駱芬美教授巧思安排下，隨處可見，如在〈臺灣錢，淹腳目〉一文中，便可看到「雇工的行情是日薪一百錢（約一斗米的價錢）」、「學者許毓良的研究，一七六四年的人口數六十七萬，即清朝廷統治八十年後，人口增加了五倍多。」便是將人口數據和物價數據並陳，讓讀者有比較的概念。

駱芬美教授在她的臺灣史系列著作內，善用這幾項特色，開創臺灣史新的閱讀風潮，使得庶民可以借助圖像走進臺灣歷史隧道，瞭解先人如何胼手胝足開闢家園、建設臺灣，同時也深刻體會臺灣身處中國這個「黑洞」的困境與優勢，如何鑑古知今，替臺灣開創未來新局。因此，駱芬美教授《被扭曲的臺灣史》一書，利用圖像將臺灣歷史生活化、庶民化，是她對臺灣歷史「通史教育傳播」的最大貢獻。此一殊榮，是非常值得我們肯定並予以稱許，讓我們替她按個讚吧！

二〇一五年一月二十二日 深夜

推薦序四

一本從圖書館走入咖啡館的臺灣史書

吳美慧（輔大日文系講師）

小學時，我夢想站上喜馬拉雅山頂……中學時，我一心想到羅浮宮、大英博物館、烏非齊美術館去膜拜歐洲歷史文明。大學時，讀日文系讓我愛上了飛鳥、平安、桃山、江戶……時代的大和物語。在日本修完博士課程後，我揹起背包，隻身展開闖盪中國大江南北、西藏、尼泊爾與亞洲諸國的經年旅途。

數十年歲月讓我的人生行囊裡，不僅裝滿了獨行五十國的風霜雨露，也蒐集了許多異國他鄉的歷史風貌。

然而，有朝一日，年過半百的我，停下探索地球的腳步，低頭俯視默默生養我五十多年的島嶼，才發現飽覽了長江、黃河美景的雙眼，竟然不曾張望過濁水溪的水！

秋瑾、陸皓東、林覺民……等革命烈士的名字背得滾瓜爛熟，但郭懷一、林爽文、朱一貴、簡大獅、柯鐵虎、林少貓、姜紹祖、莫那魯道……是誰？對這些傾千百族人的鮮血力抗外來統治的本土英烈，我竟一無所知。

只知一齣齣八國聯軍、火燒圓明園的清末荒謬劇，被教導成臺人的國恥大辱，卻不曉得馬關割臺的無情無能，如何讓當時全島百姓痛徹心扉、悲憤惶然。

於是，年少遠走他鄉的浪蕩子，鬢白返家，面對依舊倚門長待的老媽媽，滿腔愧疚叫我開始走入圖書館，從寂寞的書庫裡，找出一本本藏在角落的臺灣史籍，細細捧讀生身母親的多舛身世。

這才知道，這塊土地四百年來的榮華滄桑、悲喜愛怨……一向習慣謙卑地藏在圖書館裡發黃的史書扉頁中，安安靜靜地等待有心人的眷顧。也才明白與我同年代的人所受的歷史教育，不但沒讓我們真正認識臺灣的美麗與哀愁，反而特意阻隔了我們探索歷史真相的機會。

幸好，偶然邂逅駱芬美教授一系列書籍，《被混淆的臺灣史》、《被誤解的臺灣史》、《被扭曲的臺灣史》及時彌補了我的遺憾。

首先，目錄章節的十幾個主題下，一般人的固有概念與史實真相對比而列的副標題示，就像街頭看板常見的「整容前」、「整容後」的臉龐對照，判若兩人的神奇差異，教人不由得心動得想立刻接受駱教授的大腦整型手術。

豐富又多樣化的史料編排，悅目的版面設計，將晦暗朦朧的歷史舞臺拾掇得窗明几淨，讓讀者得以卸下閱讀史籍的沉重，以輕鬆的心情穿越時空，走入一幕幕歷史場景裡伸頭探腦。一幅幅經過高科技化妝後的珍貴圖像，則不斷穿針引線地出沒扉頁間，前呼後應地將歷史的輪廓、時光的容顏，清楚繪出。

原來，歷史書籍竟能編寫得如此鮮活亮眼。解題慎重而不沉重，內容嚴謹卻不嚴肅，行文生動但不聳動。作者既具細心爬梳史料的學術功力，又有緊抓住一般大眾閱讀口味的撰文風格。難怪一問世不但立刻榮登風雲暢銷書榜，就連圖書館的預約名單裡隨時都排著長長的隊伍。

歷史，是一個社會的集體身世。感謝駱教授讓發生在這塊土地的古老人事物，梳髮上妝，穿上時尚衣著，丰姿綽約地走上二十一世紀的伸展臺上，散發出豔光四射，吸引眾人閱讀的魅力。

相信駱教授筆下，這一本本被混淆、被誤解、被扭曲的臺灣史，將會一步步從圖書館的書架上走入咖啡館，走入客廳，走入人群，走入燦爛的陽光下，走入街頭巷尾的談論中，走入臺灣百姓與年輕世代對土地母親的歷史情感裡。

二〇一五年一月二十五日　於輔大

推薦序五

如此寫書的人

駱芳美（美國堤芬大學犯罪防罪與社會科學學院副教授）

「像伊豆急這個對日本近代史或可說對臺灣歷史這麼有影響的地方，以及代表日本門戶開放的黑船，怎麼能不去看一下。」

「當個歷史老師在上課時講過無數遍簽署《馬關條約》的下關春帆樓，怎麼可以不去走一趟，親自感受一下。」

寫這本書時，芬美愈仔細探究日本與臺灣史的關聯時，這個「讀萬卷書不如行萬里路」的感動愈來愈深。

有一天，她打電話告訴我：「我書裡談到很多跟日本有關的事情，為提供讀者第一手資料，我要去日本一趟，去做實地考察，實際接觸書上描繪的景點，把實際的景觀拍下來給讀者看。妳覺得這個想法會不會太瘋狂？」

「不會啊！」我說。

「但我只會講一點點日語，怎麼辦？」這倒是真的，我真的不便置可否。

幾天後，芬美又來電了：「我把行程規劃好了，剛跟旅行社聯絡過。旅行社的人說沒有人走過這樣的路線，但安排上應該沒問題。」

看來她心志已決，我試著探問：「計畫什麼時候去？語言問題怎麼處理？」

「準備八月底去。語言的問題還在想辦法，不曉得哪個會日語的可以跟我們去？最下策就是比手畫腳走天下啦！」

這就是我的雙胞胎姐姐，芬美有不認輸的個性，想做的事，再怎麼困難都一定辦到。用自己的書當旅遊指南，旅行社沒有這條路線，芬美卻以愛讀者的心規劃了追溯歷史之旅。憑著一點點的日語，和先生兢兢業業地踏出國門，終於來到她書中提及的日本。

當然萬事起頭難，首先要研究怎麼搭車？怎麼買車票？看半天，怎麼有些班次的旁邊寫個「安」字，「難道是這些班次較安全嗎？」芬美好奇地想著。後來才搞清楚，「安」字在日文是「便宜」的意思。那「無料」又是什麼意思呢？原來是「免費」啦。買完車票，只見上頭竟寫著「中途下車，前途無效」，一時愣住，開玩笑地跟老公說：「糟糕，這火車我們可要一路坐到底，否則一生的努力可要毀在日本了。」

上了火車，看到很多大人帶著小孩，大概是全家出遊吧！有趣的是多數旅客都準備了相當豐盛的旅行餐，快樂地享受著。為了入境隨俗，趕緊把特地準備的乾糧擺出來充數。之後，又發現日本女人挺愛戴帽子的，還慶幸自己也戴了帽子，不會顯得太突兀。

一站又一站地深入日本，她原先的陌生感很快就消失，因為她發現臺灣人和日本人基本上來說是一個樣式的。服飾上相似，食物上雷同，經過麵包店更聞到類似的香味，她突然發現雖然語言不同，但情感相通，這點才是重要。也開始敢用自己懂得的一點點日文來講「你好！」「對不起！我只會一點日文。」「謝謝！」等基本用語與人互動，再輔以筆談，居然也和車上遇到的日本婦人談得津津有味，談話間她發現很多日本人對臺灣都有很好的印象。

有天從車站要去寄宿的旅館，按資料顯示只要走半個小時即到，結果愈走似乎愈遠，竟走入一條無人的小路，就在走投無路時，芬美看到一棟像機構或學校的建築物，只好厚著臉皮進去問路。一位修女出來，瞭解因由，告知到她所說的旅館要一個鐘頭的路程，這時裡面一位工作人員聽到這情況，就志願載他們到旅館。異鄉異國遇天使，讓芬美相當感動。

除此之外，芬美觀察到日本人的禮貌教育真的做到家，如：火車上的服務小姐進出每個車廂都要行禮，乘客投幣時，司機要站起來致意等。日本的工作文化中，大家都敬業樂群地盡自己的本分。

更重要的是，雖然芬美書中的日本是過去式，但訝異的是，不像在臺灣我們很不願意提起那些曾被外人統治的時代，每次改朝換代就希望把那些所謂的外族文化去除；日本人對此卻持相反的態度，他們很珍惜每個外來文化對其國家的影響，認為每多一次與外來文化交會，就表示他們的文明又進展了一次。例如，日本人把荷蘭商港復原得很好，覺得這是他們邁向文明的代表。且在存留古蹟時，也很強調是誰把什麼東西帶進了日本。因此這趟日本之行收穫豐盛，芬美在現代的日本裡清楚地體驗和蒐集到伴隨日本成長的歷史痕跡。

為了寫書，為了增加著作的品質，芬美走出她書本的世界，本來只是想拍些照片放在書裡，卻因願意置身其中，物超所值地對日本有了更多的認識。讓她所寫的歷史事略與所拍的照片，字裡行間多了第一手資料的確據。

雖然日本只是她這本書的一部分，但由小可窺大，從芬美著書時這段為書努力的過程，就能窺見芬美是抱著如此認真的態度在寫書。

有機會為姐姐第三本臺灣史作序，深感榮幸！祝各位讀者閱讀愉快！

二〇一五年初　於美國俄亥俄州　白雪的冬日

自序

甲午・臺灣・我

《被扭曲的臺灣史》是我的第三本書。從「誤解」、「混淆」到「扭曲」，企圖尋找與重建這塊土地的過往。

一百二十年前的一八九四年，發生「甲午戰爭」，決定了臺灣的命運；本書撰寫於同樣歲次甲午的二〇一四年，有著「古今交錯」的另種心情。敲著鍵盤之際，過往與當前的時空，總在我腦中交會，激盪出另一種思考歷史的角度。

從十七世紀的荷蘭、明鄭，一六八四年清朝開始統治臺灣之後，大量的漢人更是一波波移入臺灣。「臺灣」究竟具有何種吸引力呢？

是讓人充滿想像的「福爾摩沙」！也是有著致命艱辛與無奈的「瘴癘之地」！但你知道嗎？臺灣更是個「錢淹腳目」——機會無限的所在！

臺灣先民既是衝著「錢」而來，當然極具市場敏感度，很有生意頭腦，透過蔗糖、稻米、茶、樟腦的生產及出口，快速累積的經濟實力，優質染料藍靛和染布業的成品出口，更讓財富累積。但除了「錢」之外呢？

二〇一四年，臺灣爆出黑心商人製造黑心油事件，除了讓臺灣的食安出現極大的漏洞之外，臺灣食品在國外市場上被貼了黑標籤。

黑心商人為「賺錢」而不擇手段，僅是個案嗎？是否正突顯了臺灣人長期以來，喜歡強調為「錢」而「打拚」的價值觀所衍生的問題呢？

這些年，中國大陸猛喊「中國夢」，你知道歷史上有所謂的「臺灣夢」嗎？而這個做臺灣大夢的國家，是日本，更是美國。

美國人除了用黑船敲開日本鎖國之門外，更看中臺灣。美國商人也曾與臺灣官員私訂密約，在今天的高雄建立了商業基地。只是當時的美國政府無意也無力殖民臺灣，這才有了李仙得等人去鼓動日本發動牡丹社事件，甚至後來《馬關條約》簽訂過程中，美國顧問盡力促成了臺灣被割讓給日本的結果。

而當「臺灣割讓」已成事實時，能有什麼反應？「臺灣民主國」大旗一揮——展現了臺灣人悲壯的「抗日」行動嗎？

其實，邱逢甲等臺灣仕紳，僅能寫血書、抗議，唯一的訴求是請清朝廷不要讓《馬關條約》成立；而當時朝廷張之洞等人，則想將臺灣抵押給外國，再透過外交干涉，讓日本占領不成。唐景崧當民主國總統十二天、劉永福留臺四個月，期望的都是這個結果。

但因《馬關條約》是一國際合約，既已通過，各國不想介入，臺灣成了日本的領土。至於所謂的「抗日」者，其實是一批批既無先進武器、又無財力、又得不到任何奧援的「義軍」。面對日本的大軍壓境，終究還是犧牲了生命。

雖然如此，但也讓日本「接收」臺灣，變成以征戰方式進行，付出了極大的代價。日本統治臺灣，最被肯定的是施行「教育」。其實最初的目的僅是為了「溝通」，所以先是以「國語（日語）」教學為主。等到統治二十七年之後，才發現課程中少了「歷史」課。

少了歷史課，這些會日文、腦袋裝著漢文化的臺灣知識分子，隨著中國革命成功，世界思潮發展，開始對臺灣總督府提出許多要求。

總督府遂加入了「日本歷史」，並將臺灣納入為日本國家發展史的一部分。臺灣學生被「洗腦」後，不但認同了日本，甚至還投入戰爭，成了為日本帝國犧牲的一員。

一九四五年日本投降，國民黨統治之後，當然又來個大翻轉——去日本化，將中國文化、歷史紮根進入臺灣學生的腦袋。更在臺灣建構「國父」，並形塑蔣中正領導的黨國政府正統性，透過歷史課，形成了臺灣學生的認同。一九七二年國父紀念館落成，從此，當民眾沉浸在此空間之際，國父孫中山藉此順勢深入臺灣民眾的心中。

二〇一四年，臺灣訴求改變的力道很強，先有三月的太陽花學運，後有十一月的九合一選舉，長期執政的國民黨被選民用選票否決了！

這個力道從何而來？論者說是國民黨的執政太差！其實是《認識臺灣（歷史篇）》發揮功效。這套課程於一九九七年九月開始實施，第一課從「北京人」、「我們的祖先是黃帝」，變成「福爾摩沙」、「南島語族」等。十七年過後的現在，接受這套教材的孩子長成大人，有了選票，這就是結果！

本書完成過程，因堅持「圖文並茂」，我老公蔡坤洲陪我赴日本、臺灣各地，甚至限於時間我跑不到的地方，亦不遠千里前往拍照，並協助修圖，讓每張圖片完美呈現，是本書完成重要的功臣。

此外，承蒙臺灣知名學者楊蓮福教授提供私藏品供我拍照；北京的胡采蘋小姐專程至香山碧雲寺拍照；余錦文先生提供南京中山陵照片；顏少鵬先生提供日本京都照片；吳浩維先生提供韓國照片；憶伶主編提供日本京都、彰化鹿港照片；以及臺北市茶商業同業公會提供海報照片；學妹張斐怡教授協助日語翻譯等等。

謝謝宋光宇教授、翁佳音教授、楊蓮福教授、吳美慧教授為本書寫推薦序。莊永明先生、呂理政館長、翁誌聰館長、邱坤良教授、孫偉鳴臺長、劉寶傑先生和陳鳳馨小姐等人的推薦。提攜之恩，感激不盡！

雙胞胎妹妹芳美為本書寫序、提供照片，家父駱雲從、家兄駱至誠、婆婆蔡許可等親朋好友的支持。銘傳大學通識中心楊錦潭主任、鐘慧真祕書、學妹兼同事康才媛教授，及各位同事們的鼓勵！

謝謝時報出版社的李采洪總編、邱憶伶主編、陳珮真編輯和吳宜臻企畫等，對本書的催生及推動！

也謝謝金石堂頒贈「二〇一四年度風雲作家」榮銜，給我極大的激勵！

在此要特別向恩師曹永和教授致敬，老師已於二〇一四年九月十二日上天堂了，前兩本書都蒙老師的加持與鼓勵，謝謝老師，我會繼續努力！

臺灣歷史的面貌，我試著撥開了一層又一層的迷霧，至於還未撥開的，我會繼續努力！也期望閱讀到本書的你，一起來努力！

感謝上帝！更祈求上帝賜福臺灣！

二〇一五年一月二十三日　於臺北

目錄

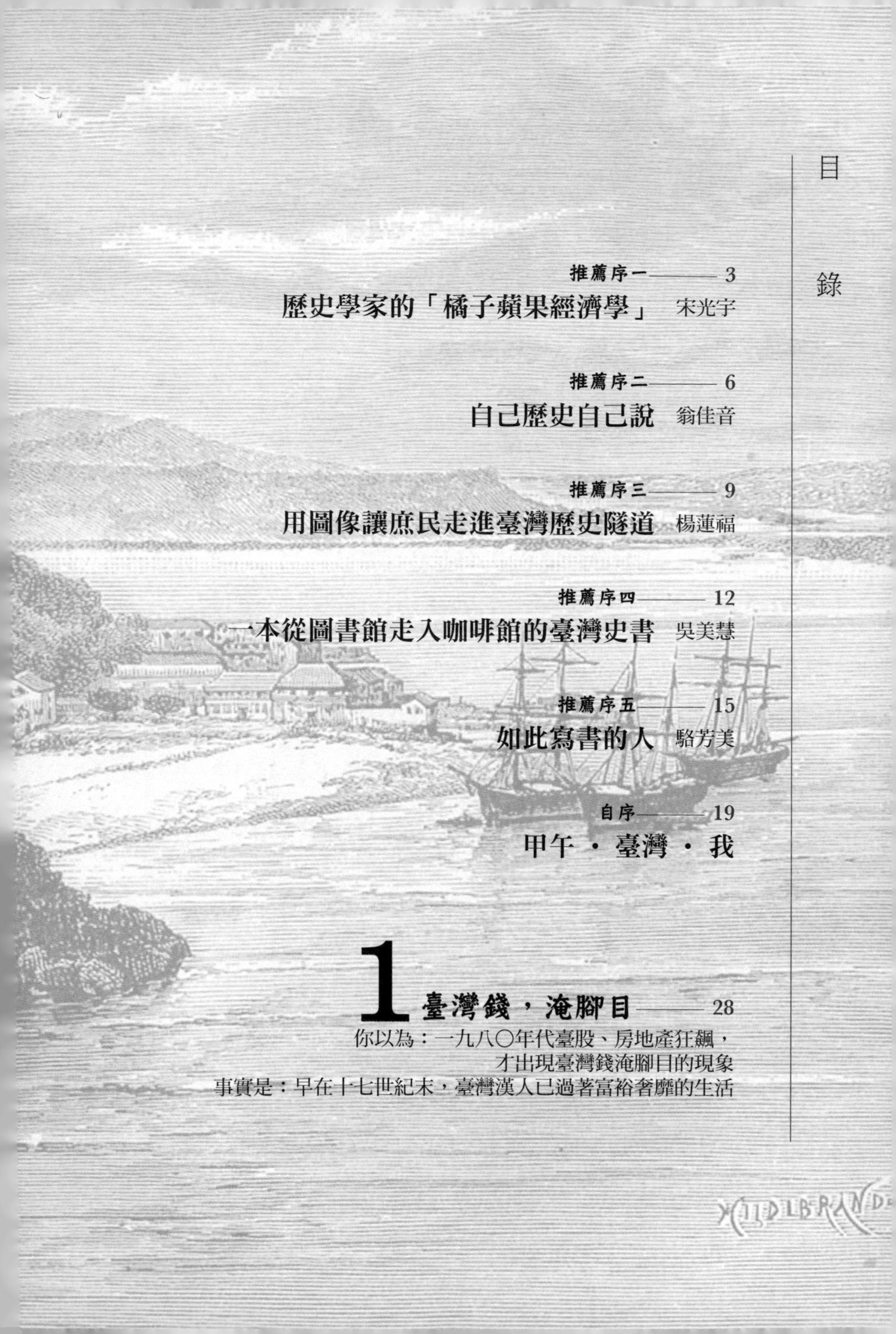

目錄

1

臺灣錢，淹腳目

你以為：一九八〇年代臺股、房地產狂飆，才出現臺灣錢淹腳目的現象

事實是：早在十七世紀末，臺灣漢人已過著富裕奢靡的生活

一六八四年，臺灣被正式收入清朝廷的版圖後，一般人以為臺灣是個蠻荒初闢、亟待開發之地[1]。

但在十一年後的一六九五年，《臺灣府志》中就說：臺灣土地膏腴，沃野千里，漢人移民來臺後，不需要像在中國內地那麼辛勞，就可以有好的收成。

因此，當時的臺灣社會奢靡成風，送禮時不考慮當地產品，而偏好遠方珍貴物品，且一般家庭沒有儲蓄觀念，即使沒有剩餘錢財，仍要穿著華麗的衣服，女方選擇夫婿時考量對方財產的多寡，甚至連人情往來都喜新厭舊。雖然在當時僅一小部分人較奢靡，但這種

風氣卻日漸發展。

兩年後來臺採硫磺的福建官員郁永河走遍臺灣各地，寫下了《裨海紀遊》，書中記述臺灣的瘴癘之氣[2]，但也提到：與中國內地「民多饑色」相比，臺灣相對富庶。市集上的貨物大部分由中國內地運來，雖然售價是內地的好幾倍，但人們照樣購買。雇工的行情是日薪一百錢（約一斗米的價錢），屠夫、牧牛羊孩童隨身帶著數十金，賭博時會毫不猶豫一擲千金。可見臺灣經濟情況良好，商業發達，連勞動階層收入也很高。

一七〇七年，臺灣海防同知孫元衡遍覽臺灣各地之後，寫下〈秋日雜詩〉二十首，其中之一談到臺灣人完全不在意米糧的價錢，甚至連江南地區出產的高貴絲綢，在臺灣都不顯得珍貴。隔年，他又寫了一首〈田家〉，描述臺灣農民穿著高級的絲質衣服及紅色鞋子，扛著鋤頭下田耕作，毫不在乎會弄髒昂貴的衣服、鞋子。當時的臺廈道陳瑸曾企圖改變風氣，他以身作則，素衣粗食，並下令「禁諸服飾奢侈者」，但成效有限。

一七一七年撰寫的《諸羅縣志》，以及三年後印行的《臺灣縣志》與《鳳山縣志》描述更是詳盡：當時臺灣婦女相當重視衣服的刺繡花紋，相互炫耀，從富貴人家到販夫走卒，衣褲鞋襪都相當高級，稍有損壞就丟棄換新，被認為不應隨便出門拋頭露面的女性，也常濃妝豔抹在市街行走，藉機展現彩妝衣飾。

那時一般人家都能經常吃到肉，宴客時必定山珍海味。婚禮重視聘禮多寡，女方收受

圖1　清代臺灣婦女拿傘半遮臉圖
（中研院翁佳音教授提供）

聘金之後，要以豐厚的嫁妝回禮，一般人在禮俗慶典也常互相競爭、誇耀誰的花費較多。

為展現美麗衣著，臺灣婦女大多不坐轎子，日常以步行為主，只是拿傘半遮臉（圖1），要遠行時，如前往遠處村落看戲，婦女們都是乘坐牛車（圖2），還十分在意裝扮是否豔麗。

後來更引進馬匹作為運輸工具[3]，買馬養馬與照料馬的花費遠比牛隻昂貴，可見交通費用也愈來愈高。還有修建廟宇或是演戲慶祝等宗教活動，都投入相當多錢財。

《諸羅縣志》、《臺灣縣志》、《鳳山縣志》不約而同提到：臺灣人民沒有儲蓄觀念，好逸惡勞、花費又高，如不改變奢侈的生活習慣，終將導致經濟破敗。

《重修福建臺灣府志》指出：被收入清朝版圖三十多年後的臺灣社會，以個人展現的消費能力評判

圖2　臺灣牛車
臺灣婦女要到遠地都坐牛車。
（中研院翁佳音教授提供）

圖3　藍鼎元
藍鼎元來臺平定朱一貴事件後，留在臺灣一年多，遊遍臺灣西部各地，寫下《論臺灣事宜》，倡議在臺發展紡織業。

身分等第。節儉或穿著布衣走路，會被嘲笑與排斥，甚至不能參加聚會。富有的人連轎子、隨從也都要裝扮一番，有錢的大商人還會模仿上階層仕紳的服飾，來提升自己的社會地位。

康熙末期臺灣發生了朱一貴事件[4]，當時來臺平定事件後留在臺灣一年多的藍鼎元（圖3），遊遍臺灣西部各地，回到中國寫了《論臺灣事宜》，其中提到「臺俗豪奢」，臺灣人民飲食宴會、衣飾妝點的支出，遠遠超過必要的範圍，連不務正業的無賴漢、賣菜小販都穿著鮮豔的高級織物，抬轎的轎夫雖然赤裸上身，但褲子也一定是上好的棉綢。

來臺的清朝廷官員雖試圖改善風氣，但並沒有效果。到了乾隆中期，《重修鳳山縣志》仍指出：雖然因人口增長[5]，各種資源都已開發殆盡，但是臺灣人民仍沒有儲蓄觀念，社會各階層依舊穿著「絲帛綾羅」。

到嘉慶中期，《續修臺灣縣志》仍顯示：此時期的臺灣人民在服飾、飲宴的花費與享受依然奢侈[6]。

直到道光前期，因道光皇帝奉行儉約，當時臺灣知府為避免臺灣人過於鋪張浪費，頒布飲食、服飾，以及冠、婚、喪、祭等儀節供人民遵行，但仍看不出效果。

《彰化縣志》即指出：臺灣人大多不自己耕種，而是買糧食蔬菜回家食用，即使田地就在附近，也要以牛車代步。有的人不肯自己走路，請人背著走，甚至有人由牛車改為馬車。勞工要求的工資比中國大陸高三倍，而且寧可遊手好閒，也不肯減低工資，即使是中等財力的人家，也餐餐吃肉，此外賭博風氣盛行，再加上神廟修建、神誕設醮等都是高額花費。

一八三九年，姚瑩擔任臺灣道期間，福建、浙江豐收，米商不需到臺灣買米，臺灣商人生意停擺，工作機會減少，無業遊民增多，經濟蕭條。但臺灣人仍生活奢侈，還喜歡打官司、械鬥，又常有亂逆和盜賊，因而耗盡錢財。

為何清朝統治以來，臺灣人可以過著經濟富裕的生活？

郁永河認為在清朝統治以前，經過明鄭時期二十多年休養生息，民間各行各業獲得發展的機會，人們積聚了不少財產。加上臺灣盛產糖，外銷日本和菲律賓，也產米、穀、麻、豆、鹿皮、鹿肉等，銷往東亞各地，海外貿易使臺灣人民獲得相當豐盛的收益。清朝統治後沒有發生重大戰事，人民財富得以累積，才有能力進行高消費行為。

＊圖4　包頭的臺灣婦女（標＊者請參見圖註）
此係源自漳、泉人畏風，常以布纏首的習慣，多以藍黑縐紗，長丈餘，環繞五、六圈以為美觀。

其實奢靡的風氣來自臺灣移民的原鄉——福建。因福建文武官員好奢華排場，人民紛紛學習仿效，日益嚴重。《海東札記》也提到：臺灣各式各樣的奢靡風俗是由大陸傳來，不是本來就有的習俗。

學者吳奇浩說：福建省居民追求外表華麗裝飾的奢靡的風氣已是千百年來的習俗，臺灣人約有七〇%來自福建，此風氣也被帶入臺灣。當時臺灣對紡織品需求極大。學者蔡承豪說：除了一般衣服，沿海地區因氣候熱，風勢強，人們習慣以青布包頭（圖4），以免中暑，使用布匹的量還不少。布匹還可作為港口的引導標誌，或是漁船旗等。早在荷蘭時代，便以布匹與原住民交換貨物，鄭成功入臺後，以布匹賞賜給原住民，施琅攻占臺灣之後，也賞

圖5　臺灣原住民織布圖

臺灣原住民雖有織布，但生產的數量相當有限。（郭昭鑫先生作品）

賜原住民衣物（圖5），布匹成為漢人與原住民交易的最佳商品。

若以臺灣人對商業的敏感度，應該會有發達的紡織業；但施琅來臺後，才發現臺灣擁有一切日用所需，卻獨缺紡織品。可能因為清初來臺的人多是單身漢，臺灣成為「男耕女不織」的社會。由於臺灣婦女不種桑養蠶、也不種棉花苧麻、不織布，卻追求服飾美豔，遊手好閒又懶惰，藍鼎元建議臺灣應該種木棉和苧麻，讓婦女可以織衣，以養成勤儉的風氣。

根據美國學者白馥蘭（Francesca Bray）的研究，中國傳統課稅的主要項目是紡織與耕種，家庭成員以「男耕女織」分工，完成最基本的農家生產。南宋建都杭州後，因大量的北方農民和工匠遷到江南，杭州等江南城市成為絲織產區，取代了農家生產的絲布。

隨後，絲織業又被棉布業取代。元代開始建立棉布業[7]後，棉正式列入稅收項目，並享有比其他織物更優惠的稅率。到了明代，紡織利潤比農耕獲利更高的地方，男人乾脆加入紡織的行列。

江南地區的家庭式生產至清代仍持續進行，男人在織布機上工作，女人則負責紡紗捲線。江南成為棉紡織業的專業生產地區，從明末到清代中期約二百年間，產量成長一倍。

其實包括施琅、藍鼎元等清朝官員倡議在臺發展紡織業的思維，來自清代建國後刻意營造的價值觀[8]，清初皇帝為證明滿族統治中國的正當性，特別強調要建立「男耕女織」的社會，以與儒家結盟。但清領時期的臺灣，因兩岸逐漸形成「區域分工」的經濟模式[9]，

圖6　藍染植物山藍
山藍為臺灣藍草兩大品種之一，適合生長在陽光不充裕且潮濕的地方，很容易生長。（攝於新北市三峽染工坊）

透過貿易方式購買江南的布匹，臺灣婦女不需織布。

但因臺灣人追求華麗衣飾，對女紅刺繡的需求也很高。臺灣婦女以刺繡聞名，連橫《臺灣通史》就提到：臺灣婦女刺繡精巧，贏過蘇杭等地。當時臺灣名媛以刺繡來自我誇耀，貧女單靠刺繡就足以撐起家計。手藝巧的人不僅能糊口，還有盈餘，收入比紡織還高。刺繡既是早期臺灣女子的才藝表現，也是由女子負責的一項生產事業，更可說是由女子主導的一種文化現象。

當時臺灣輸出到對岸的商品，除了一般熟知的蔗糖、稻米，更有賺頭的其實是從藍草提煉出來的染料——藍靛。大陸生產的藍靛，以福建的品質最佳，早在荷蘭時期就有福建移民將藍草引入臺灣，臺灣藍草有兩大品種，其一是木藍，適合生長在日照充足、溫暖少寒風的地方，因繁殖力佳且體型高，在開墾之初可充當防風林，又因是豆科植物，可肥沃土壤。其二是山藍（或稱馬藍）（圖6），適合生長在陽光不充裕且潮濕的地方，被譽為是最易生長的植物。除了糧食作物番薯，藍草成為適合開闢臺灣山區的第一波經濟作物[10]。

清初臺灣土地剛開墾時，水利設施還不發達，稻作主力——晚稻多在六月下種，十一月後才能收成。如果農民另種有藍草，多在七至九月間收穫，可增加收入，因此選擇種藍草是相當有利可圖的。

雍正年間彰化初開墾時，水利設施還無法擴及每一個地區，由於稻米對土壤的要求較高，在比較荒瘠的平原旱地和山坡地區，就種植甘薯、山藍等對土地要求較低的作物。

到了乾隆年間，隨著水利設施完成，漢人在臺灣的拓墾達到高峰期。禮密臣（James W. Davidson）在《臺灣之過去與現在》提到：全臺灣特別是北部，容易灌溉的地方一般種稻米，其他則種甘蔗、藍草、青菜以及花生等，藍草在北部平原上已占有一席之地。

臺灣既是染料產地，人民又講究衣服的色澤，在臺灣開染坊應該是值得投資的產業，但初期並沒有發展出染布業。根據蔡承豪的研究：因為染布需要特殊器具（如踹布石[11]）及具有技術的專業工人，染坊規模大、分工細，才能染出品質好的布匹，因此，直接從大陸買染好色的布更為方便。康熙年間，府城（今臺南）內已經出現專門賣布的市街，淡水地區也透過帆船從廈門運布來臺販賣，因此，不用開設染坊，只要轉賣即可獲利。

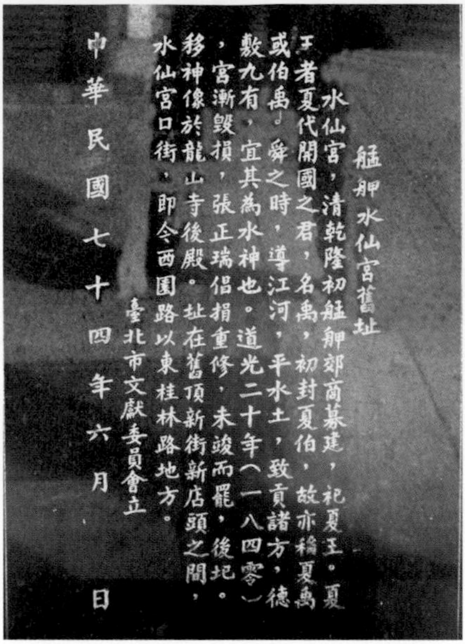
艋舺水仙宮舊址
水仙宮，清乾隆初艋舺郊商募建，祀夏王。夏
王者夏代開國之君，名禹，初封夏伯，故亦稱夏禹
或伯禹。舜之時，導江河，平水土，致貢諸方，德
敷九有，宜其為水神也。道光二十年（一八四零）
，宮漸毀損，張正瑞倡捐重修，未竣而罷，後圮。
移神像於龍山寺後殿。址在舊頂新街新店頭之間，
水仙宮口街，即今西園路以東桂林路地方。
臺北市文獻委員會立
中華民國七十四年六月 日

圖7　水仙宮舊址

艋舺水仙宮建於乾隆三年（一七三八年），為從事海運貿易郊商所建，原奉祀於桂林路西昌街口。此宮本來香火鼎盛，今廟址僅剩碑，據臺灣史學家林衡道所述，是因遭火災，地方人士商討重建，每次開會必有人或死或病，地理師又斷言其地為葫蘆吞劍，不宜重建，於是將水仙神像移祀龍山寺後殿，不再建廟，艋舺水仙宮遺址今空留水仙里地名。學者陳惠玲則指出此為一九〇八年市區改正才拆遷的。

而臺灣藍靛則銷往大陸，大陸商人也因臺灣所產藍靛品質很好，閃光和顏色耐久，紛紛來臺購買。臺灣首任知府蔣毓英在《臺灣府志》中說：「（藍靛）漳、泉皆有，產於臺者尤佳。」

臺南鹿耳門是臺灣最早開放的港口，商業貿易繁盛，因而出現「郊行」[12]，因江浙地區需要用藍靛染布，促成了「北郊」；因應福建地區需要藍草種子播種的商機，則成立了「南郊」。

臺灣北部在雍正年間，就有福建惠安商人在淡水經營絲織品行號，將臺灣的藍靛、硫磺賣到浙江寧波，再買絲綢運回臺灣銷售。

一七三八年，艋舺「泉郊」商人集資合建水仙宮（圖7、8、9），泉郊是以對渡泉州為主要貿易對象，也兼做福建以北的港口，最重要的輸出品是藍靛。

圖8　萬華龍山寺後殿的水仙尊王

原水仙宮的水仙尊王現已移祀至萬華龍山寺後殿。

圖9　水仙尊王

民間亦稱為水仙王，為海神之一，信奉者涵蓋貿易商、海員和漁民等。

蔡承豪指出：商人既可藉由販賣藍靛至大陸，以及轉賣從大陸購回的民生物資，兩頭獲利，省卻承擔開設染坊的成本，可看出在這種區域分工的模式下，臺灣對貿易的依賴。一八〇〇年以後，隨著大陸人口增加及棉布生產鼎盛，染料需求增加，臺灣藍靛業又更為興盛！

特別是臺灣北部多山區少平原，必須有適合在山區大規模種植及經營的作物，才能帶動開墾。商家以更大規模的投資經營藍靛業，採取買賣青制[13]和雇佃耕作，以貸款方式吸引更多農民加入藍靛生產行列。

藍草逐漸成為臺灣南北各地的重要作物。北部地區出口量達二十一萬擔，帶動了掌握貨源的艋舺地區的繁榮，並造就許多銷售藍靛的商人。藍靛輸出量足以和米、糖等並列為臺灣出口貿易大宗，且是十九世紀中葉少數快速成長的貿易品，促成「一府、二鹿、三艋舺」經濟重心北移的趨勢[14]。

淡水開港（一八六〇年）六年後，雖有英商陶德（John Dodd）和李春生開始引進茶葉，但因藍草具有不需整地、成本低，一年可兩穫、隔年就可收成、回收較快等優勢，茶葉還無法與藍靛競爭。

但後來臺灣藍靛主要輸出地——上海、寧波，改採用廣東的藍靛及當地的小藍。加上安全、速度快、載貨量大的輪船興起，衝擊到原有藍靛郊商經營的船頭行業務，北郊業務備受打擊。

開港十年後，因藍靛價格降低，茶葉的利潤更豐厚，農民於是放棄藍草，改種茶葉，隨後茶和樟腦、糖成了臺灣重要的輸出品，臺灣人也因收入增加而提升了消費能力。

此時，原先以藍靛出口為主的郊商才開始轉而發展染布業。過去在兩岸「區域分工」模式下，臺灣染布業雖沒有太大的發展，但也不是全然沒有。蔡承豪指出：一八一六年〈重修鹿港聖母宮碑記〉中，即第一次見到「染郊」（染布業的貿易組織）的紀錄。

例如，臺中到鹿港一帶的平原有種藍草，卻沒有藍靛出口紀錄，可能這些藍草被用於當地染布業。染料與布疋結合度的強弱取決於水質，彰化牛罵溪漂洗過後染出的布帛黝黑如漆，色澤可歷久不褪。

臺產藍靛因閃光和耐久的顏色在大陸極為著名。臺灣擅長染的是「毛烏」，也就是藍色、深藍色、藍黑色，如果染的次數較少，顏色是藍色；再經過多次浸染，就呈現接近黑色的深藍色。

因新鮮的藍靛才能染出鮮豔的藍色，因此，在臺灣染色可取用處於最佳狀態的藍靛，加上臺灣水質精良，所染的烏布能在大陸具有一定名氣，是進入大陸市場很好的墊腳石。

當時艋舺（今萬華）、三角湧（今三峽）（圖10、11）、新竹等地有福建移民經營染布業，後來，染色技術最佳的江南地區，也有染工來臺，原南京織造局一位蔡姓染工在臺南上橫

圖10　今日的三峽老街

圖11　三峽老街上仍可見到的染坊招牌

圖12　放置染液的缸
（攝於新北市三峽染工坊）

街開設「雲錦號」，他從江浙進口原色絲綢，使用臺灣的染料染色，可以看出臺灣染布水準已提升不少。

不過，江浙地區染布的品質還是比較高，因此只要有貿易往來，臺灣人民還是會選擇大陸色布。這時臺灣染布主要以供應本地市場為主，規模無法擴張，直到一八五〇年代，技術高於福建的江南染工來到臺灣，染布業（圖12、13、14）才逐步發展。

臺灣開港之後，臺南、淡水兩大口岸可以取得以往沒有的西洋布，尤其是英國的灰襯衣料、白襯衣料、T字布、印花棉布，另有中國南京棉布，以及後期的日本布。

英國人原本對自己的紡織品甚有

圖13　染液

傳統染液的製作，大多用木炭製作鹼水，再加入藍靛和可幫助染液發酵的營養劑（麥芽糖、米酒），每日攪拌即可製成藍染所需的染液。（攝於三峽染工坊）

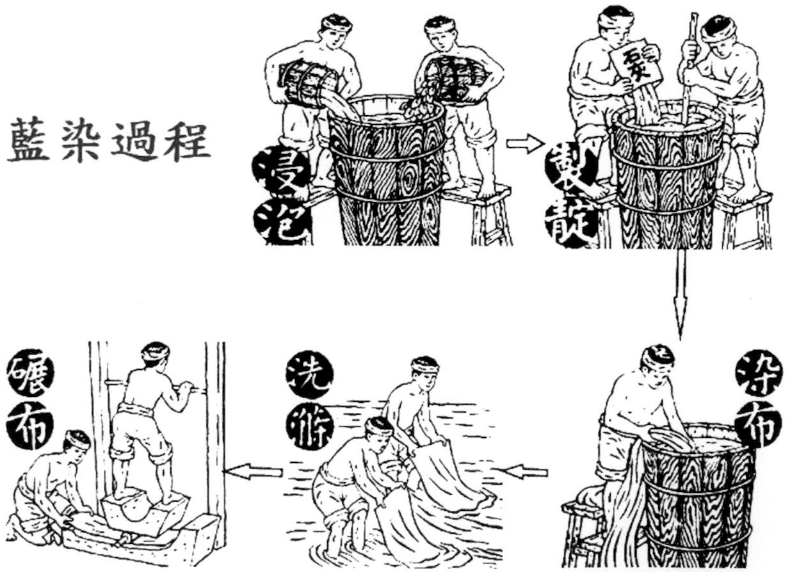

圖14　藍染過程

（攝於新北市三峽染工坊）

信心，後來發現臺灣人偏愛大陸布的花色，就改進口本色和素色的洋布，買主可在通商口岸重新染色，再轉賣大陸。臺灣初期進口棉布主要是便宜又容易染色的灰襯衣料，通常染成藍色做成上衣，染成黑色做成長褲（尤其是婦女），甚受中下階層喜愛。

一八七〇年代以後，因臺灣藍靛染成的黑布不易褪色，受到大陸市場喜愛，大陸輸入的布匹也從已染好的色布，轉為未染色的土胚布。臺灣染色原料相當豐富，除了藍靛，還有染紅褐色的薯榔、茄藤皮、紅花等，大陸和西洋布紛紛送來臺灣染色，不少染店陸續聘請會染紅、綠等顏色的染匠來臺工作。

與二十年前相較，這時臺灣能染色的樣式更多，染坊分為兩種：一種是將布匹染成深藍色（圖15）的烏坊，另一種是除了藍色，還能染成紅、黃、綠等色彩，稱為紅坊。這兩種染坊都兼營布坊，自染自賣，或受委託染布。無論在城市或鄉間，染坊的數量和技術都提升不少，大城市都有專業經營紅、綠色的染坊了。

臺灣在清朝中葉，原本必須從大陸買染好色的布，隨著染布技術提升，到晚清時期逆轉成從大陸批購原布在臺染色，民眾也轉為使用臺灣自染的布。染成的黑布，還有一部分賣到大陸（主要是福州）；紅布和綠布則留在島內使用，或是賣給原住民。

而臺灣進口不出產的物品，再運用技術加工，加值售出，除可節省買布支出，還可賺取外匯，蔡承豪認為：這是臺灣「第一次進口替代」。

圖15　藍染成品
（攝於新北市三峽染工坊）

清朝統治臺灣的兩百多年間，被「臺灣錢」吸引而移民來臺的人，向來市場敏感度極高，很有生意頭腦，透過蔗糖、稻米、茶、樟腦的生產及出口，快速累積的經濟實力，優質染料藍靛和染布業的成品出口，更是「臺灣錢淹腳目」的大功臣。

只是在一波波追逐「錢」的拚搏之後，究竟要為臺灣社會創造出什麼樣的「價值觀」，才是更值得深思的！

附註

1. 鄭經統治盛時，臺灣漢人約有十五至二十萬人。一六八三年鄭克塽投降，鄭氏官兵被移回中國，臺灣的漢人人口一度下降，僅約五至七萬人。
2. 相關描述可參考《被混淆的臺灣史》〈1.福爾摩沙與瘴癘之地〉。
3. 按學者蔡承豪的研究，臺灣可能因氣候關係，並不適合馬的生長。雖然從荷蘭、明鄭到清朝時期都有引進馬匹，但至日治初期的統計，臺灣的馬匹數量還不到兩百匹。
4. 關於朱一貴事件之來龍去脈，可參考《被誤解的臺灣史》〈13.客家人的義民廟〉。
5. 按學者許毓良的研究，一七六四年的人口數近六十七萬人，即清朝廷統治八十年後，人口增加了五倍多。
6. 在嘉慶中期，臺灣人口已超過一百九十四萬餘人，關於當時的商業發展可參見《被誤解的臺灣史》〈12.一府二鹿三艋舺〉。
7. 按白馥蘭的研究，元代的蒙古人是透過印度和中東等地的人，對棉有較多理解。蠶絲業在北方因戰亂而受到破壞。元朝廷對絲業課稅非常高，但是繳入國庫的絲仍不敷使用，因此鼓勵農民種植棉花，而農民也樂於轉作。
8. 藍鼎元對當時臺灣的觀點與建議可從所著《女學》中看出，強調治天下要先端正風俗，端正風俗要先齊家，齊家之道則應自婦人開始。即婦女應遵守漢代班昭所謂的「四德」：婦德、婦容、婦言、婦功。其中「婦德」與「婦功」就是指女性應勤於紡織的意思。
9. 有關當時逐漸形成的「區域分工」經濟模式，可再參見《被誤解的臺灣史》〈12.一府二鹿三艋舺〉。
10. 藍靛係由藍草植物提煉出來的藍色染料，在近代化學染料發明以前，是不可或缺的天然染料。按學者蔡承豪的研究，藍草是具有藍色素的植物，雖然種類不少，但能大規模製作藍靛的品種主要有四種：豆科的木藍、十字花科（油菜科）的菘藍、蓼科的蓼藍、爵床科的山藍（或稱馬藍）。
11. 踹布石又稱「元寶石」，是染布作坊用於碾整染布成品的特有工具，大小不一，形狀相近，小者五、六百斤，重者千餘斤。上半部為一元寶形石片，下半部為一長方形墊石，中心縱向呈淺凹狀，與上半部元寶形石底部橫向的圓弧吻合。操作方式是「下置磨光石板為承，取五色布捲木軸上，上壓大石如凹字形者，重可千斤，一人足踏其兩端，往來施轉運之，則布質緊薄而有光」。

12. 「郊行」就是總批發商或進出口代理商，多由商人聯合組成，郊的多少常成為商業發達與否的指標。

13. 買青制：作物未收成之前，商人先將訂金付給農民，包買下今年或數年間的收成。賣青制：農民在未種植或未收成之前，先將收成包賣出去，換取資金、開墾工具、種苗等。

14. 有關當時臺灣商業貿易概況，在《被誤解的臺灣史》〈12.一府二鹿三艋舺〉有更詳細的說明。

圖註

*本文圖 4 引自費德廉、蘇約翰主編之《李仙得臺灣紀行》（二〇一三年，國立臺灣歷史博物館出版）第一六五頁，「平埔番婦女」（來源：John Thomson's photographs of Formosa. Historical photographs. Wellcome Institute. London, United Kingdom.）。

大事記

1684 ■臺灣被康熙皇帝正式收入清朝版圖

1695 ■高拱乾《臺灣府志》提及臺灣奢靡成風

1697 ■福建官員郁永河來臺灣採硫磺，將對臺灣的觀察寫成《裨海紀遊》

1710 ■陳璸擔任臺廈道時曾企圖革除奢靡風氣

1721 ■發生朱一貴事件，臺灣人民的生活方式完全未受影響

1725 ■因江浙地區需要染布的藍靛染料，促成臺南「北郊」的出現

1727 ■閩浙總督高其倬向雍正皇帝奏報「臺灣風俗奢侈無度，任意賭、飲，已加以嚴禁」

1732 ■因福建地區需要藍草種子，促成臺南「南郊」的成立

1738 ■艋舺「泉郊」商人集資合建水仙宮

1800 ■大陸人口增加，棉布生產鼎盛，染料需求激增，促成臺灣各地紛紛加入藍靛業

1816 ■〈重修鹿港聖母宮碑記〉首見「染郊」的紀錄

1828 ■臺灣知府鄧傳安頒布飲食、服飾等各種儀節，供人民遵從，以免過於浪費，仍無效果

1839 ■姚瑩擔任臺灣道，臺灣發生經濟蕭條狀況

1850 ■江南地區已有染工來到臺灣，臺灣染布業逐步發展

1860 ■臺灣開港之後，臺南、淡水兩大口岸及腹地可以取得英國、中國及日本布

1870 ■茶葉利潤更好，農民放棄藍草，改種茶葉
原先以藍靛出口為主的郊商開始轉向發展染布業

2 美國人的「臺灣夢」

你以為：只有荷蘭人和日本人覬覦過臺灣
事實是：美國商人在一八五〇年代曾積極建議美政府占領臺灣

西方人發現臺灣後，除了荷蘭、西班牙和日本相繼統治過臺灣，其餘列強如英國[1]、法國，都曾密切注意過臺灣，但大多數人可能不知道，連美國人都曾有占領臺灣的意圖及行動。

十七世紀到十八世紀間，美國還是英國的殖民地時，便已發展出蓬勃的海上貿易[2]，當時美國人對中國貿易（特別是茶葉貿易）很感興趣，但限於是英國東印度公司的特權，美國人無法直接參與。

英國東印度公司最早是向荷蘭買茶進貢給英王，深獲歡心。但進口茶葉價格昂貴，直到一七〇〇年代英國直接從中國大量進口茶葉，價格才下跌。東印度公司在全盛時期因茶葉貿易所繳的稅賦，占英國政府年收入達一〇%，英國人也漸漸養成飲茶習慣，移民美國時，也帶入喝茶的風尚。

但茶葉的高利潤吸引走私商人投入，走私茶葉嚴重衝擊東印度公司的營運及獲利，英國因而制定一連串相關的茶葉法案[3]，引起美國人極度不滿[4]，進而爆發長達八年（一七七五至一七八三年）的獨立戰爭[5]。

那時到過中國的美國人極少。有一位曾參加英國探險家庫克最後一次赴太平洋探險的約翰·雷雅德（John Ledyard）返美後（一七八二年）到各地遊說，說在美國西北岸以六便士賣出的一張毛皮，在廣州可以賣一百美元，而中國的茶葉和生絲則以便宜價格出口等。他竭力

圖1　中國皇后號

費城人摩里斯購買一艘三六〇噸的木製帆船，為取悅中國人，定名為中國皇后號，總共投資了十二萬美元，主要裝載花旗參。

鼓吹美國人進行西北海岸和廣州之間的貿易，對美國商人產生很大的吸引力。

一七八三年，美國獨立後，終於可以自由前往中國貿易。早年從事過茶葉走私，後來成為企業家的摩里斯（Robert Morris），出資促成「中國皇后號」（The Empress of China）（圖1）[6]在美國獨立的次年從紐約出發到廣州[7]，嘗試與茶葉產地——中國直接貿易。成功首航[8]後，美國商人和水手們都躍躍欲試前往中國（廣州）尋找發財機會。當時美國的經濟實力還無法建立類似東印度公司的機構來保護海外商人，除了多次降低對華貿易的進口關稅，任命權力相對有限的領事[9]，就採取幾乎不干預的政策。

美國商人在廣州起步較歐洲各國晚，涉入市場相對艱困。但利之所趨，美商對華貿易相當熱切，因而掀起中美直接通商的「中國熱」。為了尋找檀香木、玳瑁殼、海參、燕窩、魚翅以及海豹皮等商品運銷到中國，美商的船隻幾乎遍歷南大西洋及太平洋各島嶼，也希望若干孤懸太平洋的島嶼可以成為美國商船橫渡太平洋到達中國的中繼站。

就在中國皇后號出發的同一年，曾在臺灣東部登陸探勘的匈牙利人貝紐夫斯基伯爵（Mauritius Augustus Count de Benyowsky）（圖2）計畫到臺灣建立殖民地，到美國尋求資助（但美商只想資助他到馬達加斯加與法國人爭奪殖民地），他的回憶錄[10]中有關臺灣的紀錄，讓部分美國人開始知道臺灣。

隨著美商來廣州貿易船隻增加，美國人漸漸知道臺灣。身兼商人與領事身分的皇后號

圖2　曾計畫在臺灣東部建立殖民地的匈牙利人貝紐夫斯基伯爵
在他的航海日誌裡，曾記述他於一七七一年八月二十六日登陸臺灣島東北部，並逗留十幾天。期間曾遭到原住民襲擊，後來透過島上一名西班牙人的幫助，與另一族原住民一同進行報復反擊得勝。繼而，這一幫原住民跟貝紐夫斯基商議聯手驅逐在島上的漢人，其頭目並與貝紐夫斯基誓約結盟，同意在事成後將王國讓予貝紐夫斯基等等。（前衛出版社提供）

艦長蕭新民（Samuel Shaw）在首航廣州的五年後發現：臺灣稻米產量豐富，中國沿海所需食米大多由臺灣供應，當時美商船員也知道每到東北季風期間，中國海北部和臺灣海峽附近風浪特強，船隻行駛危險重重；而西南季風時節，天氣晴朗，非常便於航行。後來還有船員將這些資訊集結成《環球航行記》在美國波士頓出版。

到一七九五、九六年，美國費城開始出現記載臺灣的書籍《中國總誌》和《中國史地哲學概觀》，前者以法文書寫，有專章談到臺灣；後者有一節專談澎湖。

當時對臺灣的描述是：距離福建海岸不遠，全島被山脈由北到南縱貫分成東西兩部，西部分為三個縣區，隸屬臺灣道，為福建省的一部分。臺灣（今臺南）人口稠密，商業發達。若干西部平原的鄉村土壤肥沃、氣候宜人、物產豐富。假如中國不限制漢人移民到臺灣，臺灣應當更為繁榮。

書中提到臺灣原住民：仍保存其原始部落的政治遺風，自行選舉頭目，處決內部事務，所有村社擁護聲望特高的頭目為共同頭目，中國官府在原住民地區雖設有通事，但因徵稅時不斷欺壓而發生叛亂。

提到澎湖群島的內容則是：位於臺灣與廈門之間，港口水深達二十至二十五英尺，是保衛臺灣必需之地，因臺灣本島沒有適當的港口，足以讓吃水八英尺以上的船隻停泊。

美國對華貿易隨著皮貨、檀香木、海參等商品日漸枯竭，貿易的性質與內容開始改變，中國輸美貨物大部分還是茶葉，但美國人獲利的主要來源卻是走私鴉片。因為鴉片可以作為支付工具，美國人可因此減少帶到廣州的貨款，美商輸入中國的鴉片從早期一、兩百箱，到一度超過一千五百箱，成為僅次於英國，對華的第二大鴉片貿易國。

美商對中國貿易繁盛後，逐漸不滿足於只能在廣州交易，為另闢貿易場所，開始有人對臺灣提出「進入」及「占有」的建議與主張。

最早是美商伍德（Wiliam W. Wood）在一八二七年底，因商業情報需求，創辦了《廣州紀事報》*(Canton Register)*，發行初年就刊登有關臺灣和澎湖的新聞，例如澎湖派有駐守官軍、海盜入侵臺灣、臺灣官吏更替等。三年後，伍德在美國費城出版《中國概略》一書，敘述中國與臺灣的關係、兩地間繁榮的貿易狀況，還特別說明兩地語言的發音和表達方式不同，無法相互交談，只有透過文字傳達。

隔年夏天，伍德又另行創辦《中華快報與廣州新聞》，其中一篇〈臺灣〉專文，提到臺灣適合建立海島商務站，與廣州以北的海口進行貿易，並可控制中國南北船隻往來必經的臺灣海峽。文中特別著重臺灣的商務價值：臺灣出產的糖及樟腦等，適合運銷至歐美各國；島上土壤與氣候適宜，可大量栽種茶樹[11]，所產茶葉尤其適合美國市場需求，還有為數可觀的米及藍靛等銷到中國沿海各省，美商具有雄厚的資本，以及性能較優良的美國船隻，從事這類商品貿易應比中國商人更有利。

伍德認為臺灣島上有許多中國控制不到又鮮為人知的地方（如東南部地區），相信臺灣原住民將會樂於與外國軍隊合作，以對抗苛刻對待他們的中國人，所以占領臺灣的可行性極高。

同時也有美國太平洋艦隊「波陀馬克號」兵艦的官員因在中國海面活動而注意到臺灣，他在紐約出書提到：臺灣是可提供資源給美國的東方海島，呼籲美國政府必須重視。三年後，美國東印度艦隊「孔雀號」兵艦上的一位醫官也注意到臺灣盛產並輸出糖、米和樟腦，且距中國和日本都很近，是可與中國及日本進行貿易的海島基地。

當時美國政府並不太重視這些意見，反而是英國更注意臺灣，想要占領臺灣做為商務站的美商因而相當不滿。

圖3　美國派出第一位到中國的傳教士裨治文

至於美國民間對臺灣的認知，則因英國人戴維斯[12]在《中國人：中華帝國及其居民概述》（一八三六年出版）的詳細介紹：臺灣恰好對著中國海岸中部，是促進歐美對華商務最具地利之處。中國與西方接觸的初期，臺灣地位相當重要，荷蘭曾統治臺灣三十八年，英商則在明鄭時期到臺灣貿易。這本書被「美國益智學會」選定作為美國青年必讀書刊之一，不斷再版發行，供全美各級學校教師及學生閱讀，影響自不待言。

傳教士也是美國人瞭解臺灣的橋梁之一。當時有一些堅持宗教道德的美商，像是同孚洋行（Olyphant & Company）的負責人奧立芬（David W. C. Olyphant），不但絕不進口鴉片，還積極支持基督教傳教士在中國的工作。

中國從清康熙帝開始禁教，乾隆帝即位後，更嚴加取締傳教士活動[13]。在奧立芬主動請求下，一八三〇年，美國派出第一位傳教士裨治文（Elijah Coleman Bridgeman）（圖3）到廣州，為合法居留，就以洋行雇員的身分活動。

裨治文到廣州兩年後，為了傳教而發行《中國叢報》[14]，主要讀者是美商，也成為當時西方人瞭解中國最重要的媒體。報刊中也不乏對臺灣的介紹，提到臺灣海峽航行困難且危險，臺灣西部只有帆船可駛入，東部則住著原住民，較少為人知。

《中國叢報》創辦當年十月，臺灣嘉義發生張丙事變[15]，使歐美人士更加注意到臺灣，報紙陸續刊登亂事演進、平定的經過等。還特別轉載《廣州紀事報》相關報導：臺灣人大多來自廈門且是不法黨徒，蔑視政府法令及居民習俗，僅服從部族的約束；有些偏僻地區的居民，甚至不知道統治者是誰；不過臺灣人也是勤勞的種族，輸出的米、糖、樟腦產量非常大。美國人深信並轉述這些負面描述，造成後來外國人對臺灣人的不良印象。

在澳門行醫傳教的普魯士人郭士立牧師（Rev. Karl August Federich Gutzlaff），曾於一八三一年隨同英國東印度公司船隻抵達臺灣，他陸續在《中國叢報》上連載所見所聞，兩年後更在美國出版《中國沿海兩度航行記》、《中國史概略》提到：中國在澎湖駐軍保衛臺灣，且臺灣的稻米、蔗糖、樟腦等物產多半被福建的商人所操控。另描述臺灣百姓生活奢靡[16]，社會風氣極差，人口密集的各大港口又更嚴重，且由於中國無法控制臺灣的地方官員，人民受官員欺壓後常群起叛亂。郭士立渴望基督福音再度傳入臺灣，引起美國傳教組織與相關人士的高度關注。

還有兩位認為應讓基督教再傳入臺灣的傳教士，一是《中國叢報》編輯史迪芬（Edwin Stevens），他發表一系列文章介紹臺灣西海岸和西部貿易，強調臺灣良好的商務地位。另外是美國傳教士雅裨理（David Abeel），他在《留華日記》中提到荷蘭人占領臺灣期間成功傳播了基督新教，並認為臺灣雖變亂頻仍，仍是宣揚基督教義的理想之地。

中美通商以來，來華的美國人主要是商人和海員，他們大多不瞭解中國的歷史、語言和風俗文化，因此，通曉漢語且對中國瞭解較深的傳教士即扮演非常重要的角色。當時被公認為最精明能幹的美國傳教士是彼得·伯駕（Peter Parker）（圖4），他熟悉北

圖4 美國傳教士彼得·伯駕

一八三四年畢業於耶魯大學，有神學及醫學學位，畢業當年就到中國宣教行醫，設立中國境內第一所現代醫院。不僅對一般民眾進行醫療，還與清朝廷高官接觸。一八三九年林則徐透過行商和地方官員請求伯駕提供醫治鴉片毒癮的藥方。

京官話和廣東話，也瞭解中國人的交往禮節和社會風俗，成為參與外交工作的合適人選。

當中英鴉片戰爭結束，簽下《南京條約》（一八四二年），眼見英國獲得大量利益，美國人也決定跟進，派遣特使與清朝廷簽訂類似條約。這是美國歷史上第一次向中國派出使團，但特使律師顧盛（Caleb Cushing）既不懂中文也對中國事務很陌生，伯駕被任命為使團的中文祕書，參與起草條約、翻譯和談判，以及與中國官方協調。

一八四四年，中美簽訂《望廈條約》[17]，首次允許在中國傳揚基督教，美國傳教士的傳教活動因此出現高潮，除了廣州，美國人還可到福州、廈門、寧波、上海等口岸居住及貿易。

從此，美國社會對於擴大中美邦交和通商關係有著濃厚興趣。隔年，《中國叢報》編輯之一、駐中國長達十二年的傳教士衛廉士（Samuel Wells Williams）赴美度假時，應邀到處講演。三年後，他將演講內容集結出版《中國總論》。

書中提到臺灣這個美麗海島的物產、對外交通以及澎湖和臺灣的關係，並指出每年從臺灣運米到中國沿海各省約三百航次。臺灣的原住民類似北美洲的印地安人，常互相爭鬥，以致無法與中國人對抗。而清朝廷官府治理不善，土地多被富人收買，窮人無處可歸，常發生變亂。

這是當時西方最為著名的漢學著作之一，也是第一本介紹中國歷史文化的英文書籍。長達一百年，美國許多大學以它做為中國歷史課本，其中有關臺灣的介紹也有一定的影響。

圖5　美國東印度艦隊司令培里（攝於日本下田）

圖6　黑船（此為停泊於日本伊豆半島下田港的仿製船）

此次培里共率蒸汽船兩艘、帆船兩艘的艦隊前來，因其中兩艘蒸汽船的船身由瀝青塗黑，故稱為「黑船」。

當時茶葉從採購到銷售的時間愈短，品質愈佳，最先到港的船隻往往可以賣得最高的價格，快速船（clipper）[18]應運而生，但十年後即被輪船取代，輪船需要加煤，美國官方因此注意到有產煤礦的臺灣。

一八四七年，美國最高法院顧問律師班默（Aaron H.Palmer）曾提議增設一條渡過太平洋、直達上海和廣州等地的輪船航線。為了補給航程中需用的煤炭，美國眾議院海軍事務委員會認為可在臺灣北部的煤產地區設立儲煤站。隨後，美國駐華人員設法取得臺灣煤炭樣品，轉送國務院化驗，駐泊中國海面的美國東印度艦隊為了解決輪艦所需的燃煤問題，一八四九年，派出「鯕鰍號」砲艦至雞籠（今基隆）勘查煤礦產區，順便買一批煤，開創了美國與臺灣接觸的紀錄。但因要在臺灣以外的太平洋其他海島設立煤炭供應站，仍有難度，這條航線計畫因而被擱置。

這個難題，四年後由美國東印度艦隊在遠征中

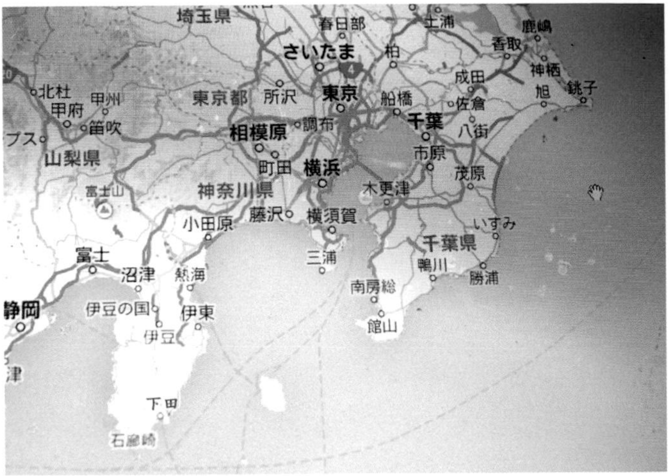

圖7　下田港所在位置圖
下田位於日本伊豆半島南端，培里就是將船艦停泊於此。

國海及日本期間解決了。當時對美國而言，日本是太平洋航路的中繼補給站，更是美國捕鯨業[19]的優良漁場，為保護在北太平洋上頻繁往來的美國捕鯨船，東印度艦隊司令培里（Admiral Mathew Perry）（圖5）率領被稱為「黑船」（圖6）的「密西西比號」等船繞過好望角東來，一八五三年七月八日出現在日本今伊豆半島口的下田港（圖7、8、9、10）。並於隔年強迫當時鎖國的日本開港（圖11、12、13、14、15、16）。隨後，他在前往香港途中，占領小笠原群島並和琉球國王締結條約，取得建立加煤站的權利。

這時他經過臺灣，發現非常適合作為美國向東方發展的商務中心，認為可在臺灣建立美國的殖民地或居留地。由於中國海上海盜繁多，培里建議可在臺灣建立美國的海軍基地，島上豐富的煤礦，方便商務輪船與海軍輪艦往來補給燃煤。而臺灣位於中國沿海主要商港的前面，只要配置一支實力充足的海軍，就等

圖8　黑船見張所（外國船艦警戒所）
下田自古為大阪與東京間海路要衝，因此設置海關，作為檢查國內船隻的單位。在一八四九年，因著英國測量船瑪利拉號來到，幕府緊急在此寢姿山上設立警戒所（見張所），並從下田奉行（地方行政官）調派人員日夜警界黑船（外國船艦）是否出沒。

圖9　復原見張所的大砲
目前這個見張所是依當時人的紀錄復原，而這兩尊大砲，是當時美國船隻的所有物。

圖10　從下田寢姿山頂看到的下田港灣

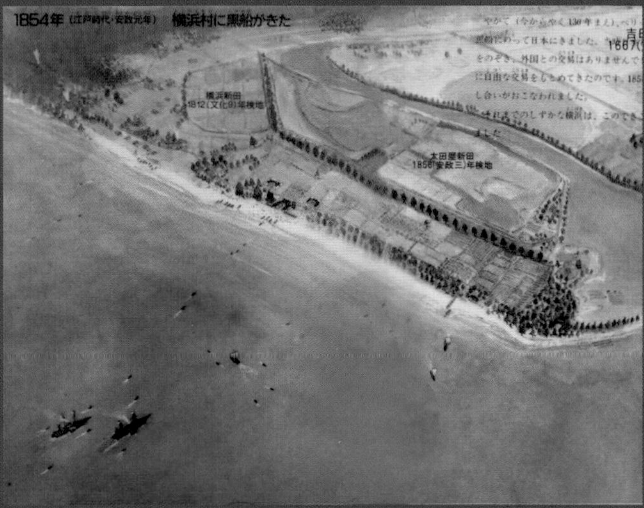

圖11　一八五四年培里率艦抵橫濱

一八五四年三月三十一日，培里返回日本，抵橫濱，締結了《神奈川條約》，依此締結的條約，日本開啟了下田及箱館（今涵館）兩港口與美國通商，並保證遇難的美國士兵得到安全保障。日本鎖國體制就此崩解，此即美國與日本簽訂第一份不平等條約——《日美親善條約》。（攝於日本橫濱開港紀念館）

圖12　一八五四年培里率七艘船組成的艦隊到伊豆

之後交涉場所移到伊豆國下田（現靜岡縣下田市）。（攝於日本下田）

圖13 美日改至下田了仙寺談判（攝於日本下田）

圖14 締約處——下田了仙寺今貌（1）

圖15 締約處——下田了仙寺今貌（2）

圖16 締結《下田條約》會場
一八五四年五月二十五日釐定了《神奈川條約》細則，據此締結《下田條約》。
（攝於日本下田）

於控制中國沿海的商港。

而建立於臺灣的美國商業集散地，在美國海軍的掩護下，既不受關稅的限制與束縛，勢必吸引各國船隻駛入，臺灣可與香港及新加坡等地的廣大市場匹敵。

不過這些建議提出時，想要遠征太平洋諸島的第十三任總統斐爾摩（Millard Fillmore）已經卸職，繼任的皮爾斯（Franklin Pierce）總統鑑於非經國會授權，美國不能遠到東方去占領像臺灣這樣的島嶼，計畫因此無疾而終。

培里迫使日本開港的同年，又和日本簽訂《神奈川條約》，美國在日本享有最惠國待遇。隨後，又派兵艦到雞籠港勘查煤礦，採樣載回美國經海軍實驗所檢驗後，確認臺灣煤炭品質比日煤優良，更比美煤略勝一籌。培里回到美國受到盛大歡迎，國會還通過決議獎賞他。

隨著來華航次增加，時常發生美國船隻被風暴摧毀，傳說美國人因此流落臺灣島上，美國官員因而一再派兵艦到臺灣沿岸探勘，尋覓美國失蹤人員，也調查臺灣的情況。

一八五四年，因太平天國興起，中國無法依《望廈條約》對美國增開通商口岸，於是美國將目標轉移到未被列為通商口岸的臺灣。這年，福建官府租賃一艘美商的輪船「孔子號」，由福州載運官員士兵及餉銀抵達淡水。停靠期間，船上的美國人員上岸觀察及調查後，將臺灣重要產品及輸出品是米及樟腦、且島上蘊藏著大量煤礦等消息帶回香港。

當時歐洲因克里米亞戰爭[20]而發生煤荒，臺灣既有豐富的煤礦，即便當時外國商人擅自來臺貿易屬於非法，美商還是紛紛前往北部雞籠，以獲得開採煤礦的特權，還有些美商轉至臺灣推銷鴉片，試行走私貿易，居然頗為順利。

美商們注意到臺灣北部的煤炭和樟腦後，又發現雞籠口岸常受到海盜騷擾，地方上也常有叛亂。美國商船具有武裝配備，停泊在臺灣港口，既可嚇阻附近海盜，還可分配一些彈藥武器給臺灣地方官員，臺灣地方官基於可勒索規費，中飽私囊，因而默許洋商船隻入港停泊貿易。

因此，美商乾脆不顧條約規定，運送大批鴉片到臺灣銷售，並從臺灣輸出樟腦、白米、蔗糖、藍靛以及豆類等貨物。其中以在廣州的美商瓊記洋行最為積極，該行人員曾在北部口岸強行居留，因與當地商民相處不來，才自行撤退。

臺灣南部所產米、糖的大批輸出，同樣引起美商的興趣。美商進入臺灣北部的隔年初，一艘屬於香港美商的「路易斯安那號」，先到當時臺灣府港口，被拒絕入港，但被告知可轉往打狗（今高雄），果然順利進入打狗港，船長克洛斯拜（Captain Crosby）上岸拜訪地方官員時，還獲四人大轎接送，並受盛筵款待。打狗官員還陪同他前往會見臺灣道裕鐸，商談日後通商事項。

裕鐸很客氣向克洛斯拜解釋：因臺灣府官員怕福建督撫得知後奏報朝廷，所以不讓外國船隻進入，但打狗港只要官員呈報道署，就沒有問題。裕鐸同意讓克洛斯拜取得到雞籠

圖17 打狗最早的漢人聚落——旗後（攝於高雄打狗英國領事館）

進行煤炭貿易的特權，但怕被人看到文書，滋生事端，並未發給書面許可。

克洛斯拜圓滿達成目的，購買大批白米及糖離開，並將有關臺灣貿易的消息帶回香港：可供輸出的物產繁多，價格很公道，雇用勞工裝卸船貨的工資很低廉。臺灣自行鑄造錢幣，一般交易以西班牙或墨西哥銀元為主，鴉片在臺灣銷路不錯……這些情報令美商大喜過望，紛紛前來臺灣。

美商威廉士（Anthon Williams）親自訪查後，決定將洋行所屬「科學號」長久停泊在打狗港，並與臺灣道裕鐸簽訂協約[21]，取得在打狗貿易的特權，清朝廷與美國政府都不知道這一地方性的貿易協約，但美商仍視這協約是在臺經營的護身符。

美商在打狗的貿易原由威廉士、奈氏兄弟、

圖18 打狗港

圖中顯示上端旗後已屬漢人聚落，美商則選擇圖的下端的哨船頭（即西子灣，後來設於英國領事館附近）為活動地點。（攝於高雄打狗英國領事館）

魯濱內三家洋行聯合經營，不久前兩家退出，由魯濱內（William Robinet）獨家經營。因當時主要聚落在旗後（今旗津）（圖17），為安全起見，魯濱內洋行主要以旗後對面的哨船頭（即西子灣，後來設於英國領事館附近）為基地，在此興建倉庫、住屋、碼頭及訊號臺，也奠定外人在哨船頭的基礎（圖18）。

美商在美國艦隊幾次到臺灣海岸勘查時，即主張美國政府應奪取臺灣，作為美國在東亞的基地。首先提出建議的美商是赫里士[22]，一八五四年春，他交了一份報告書給美國國務卿馬西（William L. Marcy），指出臺灣可作為美國海軍的前進基地，但他的建議並未被美國政府採納。

另一位積極建議美政府應占領臺灣的人是傳教士伯駕，因美國駐華專使更換頻繁，傳教士伯駕成為美國使館的靈魂人物[23]。一八五一年時，謠傳某些因船隻失事而失蹤的美國人可能流落臺灣，而派美國東印度艦隊前往探勘時，伯駕就建議應順便調查臺灣的情況。三年後報告出爐，伯駕對其中有關雞籠煤礦的報告特別感興趣。

這一年，也剛好是《望廈條約》修約時間[24]，伯駕曾協助當時的駐華公使向清朝廷要求修約被拒絕，後來美國直接任命伯駕為駐華公使，負責與中國談判修約。

由於廣州、福州、上海等地官員都拒絕與伯駕修約，他要前往天津議談，又因北方港口封凍季節將至，只能在廣東等候。伯駕曾向東印度艦隊司令阿姆斯壯（James Armstrong）提議，若能由美國占領臺灣，可報復中國拒絕修約。

之後，伯駕更建議美國政府，若中國仍拒絕修約，則法國占領朝鮮，英國占領舟山，美國則占領臺灣，做為逼迫中國同意修約的「最後手段」。

此一建議提出後，引起若干美國人極大的興趣。例如美國駐澳門副領事奈奇頓（Gideon Nye, Jr.），因其弟乘坐快船在臺灣南端海面失事，後來媒體報導發現疑似快船的殘骸，奈奇頓燃起尋找弟弟的希望，且期待為人道及商務上的利益，最好能占領臺灣。

奈奇頓更表明，假如美國政府承諾保護，他願意聯合一班美國人進行臺灣的殖民地工作。伯駕向美國務院轉達美商希望政府對臺灣迅速採取行動，特別是原住民所居住的臺灣東南部地區。

同時間卻出現了「香港英國官員計畫等兵力充足就要占領臺灣」的傳聞，伯駕非常緊張，但他也發現，當時美國東印度艦隊的兵力還不足以占領臺灣。

伯駕只得繼續遊說美國政府，他要求已在打狗設貿易站的魯濱內提出與臺灣道簽訂的貿易協約、取得貿易特權的經過，以及貿易進行實況的報告。魯濱內的報告強調臺灣是個好到不能再好的地方，除了氣候好、物產豐富，煤產量大、品質優良，可做為輪船的加煤站，且港灣便於船隻停泊，勞力足、工資低廉……很值得美國在此建立殖民地。

魯濱內還說：美國政府只要從旁支持與保護，由美國公民自行在臺灣建立獨立政府，以保障在臺灣沿岸失事的歐美船隻人員。由於中國政府對臺灣的控制力非常薄弱，此一地區也與歐洲政治無關，不會引起各國反對。

魯濱內認定臺灣可能不會永久是清帝國的一部分，若美國要占領臺灣，英國絕無反對的理由。且英國正陷入糾纏難解的中英關係中，應無暇處理臺灣相關事宜。

但英國聽到消息，卻很快就有了動作，駐防香港的英海軍司令拜訪魯濱內，提出可否允許英國軍官到臺灣的美商居留地住幾天，進行調查。

伯駕立刻向英國駐華公使包令（Sir John Bowring）抗議英國政府企圖占領臺灣的行為，並指出美國公民已與臺灣官府簽訂協約，在臺灣島上設有居留地，且美國國旗已在臺灣懸掛一年以上，證明美國有要求取得臺灣的優先權。

包令除否認英國對臺灣有所企圖，卻也表示是第一次聽到美國人在臺等事情，不過他願意支持伯駕，使美國在臺灣的商業穩固並得到保障。包令的話隱含美國在臺並不合法，伯駕沒有聽出話中玄機，反而立刻轉達阿姆斯壯與魯濱內，並向國務院表示：日後美國可以合法占領臺灣，不至受到英國反對。

阿姆斯壯也特別派所屬水兵隊長辛茲（John D. Simms）前往打狗的美商居留地駐紮，以代表美國艦隊在臺灣建立營地，升起美國國旗，並蒐集各種資料，以利日後美國在臺灣採取行動。

辛茲到打狗後，經常勘察附近各地並訪問臺灣府城，他提出報告說：打狗港被視為臺灣最好的港口，附近居民生性溫和，對待外人友善。臺灣出產煤、硫磺、樟腦、黃金，樟腦輸出量很大，如使用適當的機器開採煤礦，成效更大。

由於當時郵遞遲緩，伯駕第一份提出占領臺灣做為逼迫中國同意修約「最後手段」的報告書，國務院經過三個月才收到。正值皮爾斯總統即將卸任，國會現行會期又將結束，國務卿馬西已來不及將報告書轉呈上去，於是以皮爾斯總統的既定政策是不以軍事行動來處理中國關係，自行否定伯駕的主張。

伯駕收到回信（一八五七年八月七日）相當沮喪，他另外寫信給新任總統布坎南（James Buchanan），強調美、英、法三國應該聯合，對中國採取強硬對策。但布坎南卻另選列威廉（William B. Reed）接任伯駕，伯駕只好放棄占領臺灣的計畫回到美國。

其實，新任公使列威廉也曾對美國政府做出「占領臺灣」的建議：若臺灣、朝鮮等地被法國和英國占有，將使美國不便，若美國能占有臺灣、朝鮮，能讓因船隻失事而淪落臺灣當奴工的美國人，有機會被尋獲並釋放。只是美國務院訓令告知：不允許美國人到這些遙遠地方去擴張領土或有取得政權，列威廉也只能遵照行事。

因此當列威廉上任途中在香港停留時，聽到阿姆斯壯等人已有實質占領打狗的行動，基於職務，他表示反對，但又以這些行動既得到臺灣官府的許可，且未向美使館要求保護，也就順其自然。

魯濱內也趁機設法接近列威廉，並告知中國各方面的事項，及魯濱內洋行在打狗貿易及經營的實情，都引起列威廉對於臺灣的重視。之後，列威廉由香港到馬尼拉，再搭兵艦從馬尼拉轉往上海，經過臺灣東岸附近海面北上時，又注意到臺灣。他探知臺灣雖然靠近中國，卻少為人知，且大部分地區仍是原住民所有。

美商在打狗進行的非法貿易與經營局面，最後因魯濱內洋行在一八五八年積欠高額債務而宣告結束。魯濱內逃到南美躲債，後被押回香港判刑，留在打狗的資產被債權人賣給英商洋行。

當時美國還不是強權國家，且處於內戰[25]前夕，若要以軍事行動取得臺灣，必須經過國會同意，但要取得國會同意卻不容易。且當時的歐洲強國（特別是英國）對臺灣也深感興趣，不會坐視他國獨占臺灣，即便美國取得臺灣，也無力派遣大批部隊常態性駐防守衛，何況美國已打開日本門戶，擴大通商範圍，已可滿足美商的願望，用不著為尋求商務利益，再冒戰爭的危險來侵占臺灣。

美國政府雖然放棄侵占臺灣，卻沒忽視臺灣的經濟價值，因而希望透過外交談判和修訂條約，以取得中國政府擴大對外通商範圍，開放沿海口岸，當然包括臺灣在內。

只是，一八五八年中美《天津條約》簽訂，隔年換約完成，正式規定臺灣（臺南安平）等港口為商埠時，到臺灣貿易的美商反而減少了。美國駐華公使華若翰（John Elliott Ward）甚至無法找到願意到臺灣擔任代理領事的美國人[26]。為什麼呢？美國人這場「臺灣夢」，真的就這樣終結了嗎？

十九世紀中葉前，美國人透過哪些書籍瞭解臺灣？

中文書名	出版年	作者	英文書名
中國總誌	1795	歐洲人 格老塞 Abbe Grosier 以法文書寫	*A General Description of China*
中國史地哲學概觀	1796	英國人 威廉 · 溫特博特姆 William Winterbotham	*A Historical,Geographical and Philosophical View of the Chinese Empire*
環球航行記	1817	美國船員 戴蘭諾 Amasa Delano 美國人	*A Narrative of Voyages and Travels in the Northern and Southern Hemisphere*
中國概略	1830	美商 伍德 William W. Wood	*Sketches of China: with Illustrations from Original Drawings*
中國人：中華帝國及其居民概述	1836	英國駐華商務總監 戴維斯 John Francis Davis	*The Chinese: A General Description of the Empire of China, and its Inhabitants*
中國沿海兩度航行記	1833	牧師 郭士立 Rev. Karl August Federich Gutzlaff	*The Journal of Two Voyages along the Coast of China, in 1831&1832*
中國史概略	1834	牧師 郭士立 Rev. Karl August Federich Gutzlaff	*A Sketch of Chinese History, Ancient and Modern: Comprising A Retrospect of the Foreign Intercourse and Trade with China*
留華日記	1834	傳教士 雅裨理 David Abeel	*Journal of A Residence in China and the Neighboring Countries, with A Preliminary Essay on the Commencement and Progress of Missions if the World*
中國總論	1848	傳教士 衛廉士 Samuel Wells Williams	*The Middle Kingdom*

附註

1.近代史上最先意圖要占領臺灣的是英國人，一八三四年當英國東印度公司被廢止對中國貿易的壟斷權時，曾向英國政府建議占領臺灣。五年後的九月，中國禁煙的消息傳到英國，英國商界要求政府對中國採取軍事行動，曾在中國從事鴉片走私貿易的眾議員查甸（William Jaradine）向外相巴麥尊（Lord Palmerston）建議英軍占領臺灣、金門、廈門或舟山群島，以便向清朝廷要求簽訂貿易條約。此後也有從取得貿易據點或海軍基地著眼，建議和平占領臺灣東部或臺灣全島。

2.在人口稀少、內陸交通不便又缺乏國內市場的北美，對外貿易一向都是美國人賴以維生的重要依據。

3.一七六七年六月通過《唐申德法案》（Townshend Acts），對進口到北美殖民地的茶葉、玻璃、紙張、鉛、塗料課稅。美國殖民地人對於法案單方面收稅極為不滿，開始抵制英國商品，其中最主要是茶葉。加上其他的抗議行動，使英國國會於一七七〇年三月廢除《唐申德法案》，但仍對茶葉徵收每磅三便士的關稅，之後幾年，北美民眾主要喝的還是走私茶。一七七三年五月，英國國會為挽救瀕臨破產的英國東印度公司，通過《茶葉法案》（Tea Act），允許該公司以極低的價格在殖民地傾銷過剩的茶葉，因此影響長期從事這項業務的美國商人。

4.英國參加「法國與印度的戰爭」（又稱「七年戰爭」，一七五四年至一七六三年）之後，欠下大量的債務。為籌錢還債，向北美殖民地規定了許多稅收，歷經一段抗稅爭鬥後，茶稅是最後的一種稅收形式。《茶葉法案》使美國人認為英國東印度公司要壟斷的不止是茶葉貿易，還將擴大到其他外國貨物，有些人甚至認為既然東印度公司能夠取得對印度部分地區的實際控制，美國早晚也會落入其手。更由於北美居民已經飲用茶葉多年，對於英國茶葉和東印度公司的反抗成為北美居民可團結一心的愛國事業。

5.獨立戰爭的導火線即「波士頓茶葉事件」，是一七七三年十二月十六日晚上，北美殖民地人偽裝成印地安人登上「達特茅資號」和「埃莉諾號」和「海狸號」，將三百四十二箱東印度公司約九萬磅的茶葉搗毀並倒入波士頓港。

6.費城人摩里斯購買一艘三六〇噸的木製帆船，為取悅中國人，定名為中國皇后號，總共投資了十二萬美元，主要裝載花旗參。於一七八四年三月二十二日從紐約啟航，繞過南非好望角，跨越印度洋，於同年八月二十八日到達廣州。全部貨物在廣州行商的協助下順利出售，獲利為三萬多美元，約為投資的二五％。同年十二月二十八日從廣州黃埔返航，次年五月十一日安抵紐約。首航成功轟動美國社會，至於從廣州採購回去的茶葉、瓷器、漆器、絲綢製品、象牙雕刻品等貨物，被美國人民搶購一空。連美國總統喬治・華盛頓（George Washington）也買了其中一批中國瓷器。

7. 十六世紀中葉，葡萄牙人租借澳門，首先取得直接貿易權，並以此為基地將貿易擴展到廣州，此後外國人都集中在此。清乾隆皇帝更於一七五七年下令將所有外國商人的活動限於廣州一處。

8. 原本有一艘波士頓商人的哈麗雅特號（Harriet）於一七八三年十二月載滿人參要前往中國，在好望角和英國東印度公司商船相遇，怕其來分享中國貿易，以一磅人參換二磅茶葉，把該船勸回。

9. 中國皇后號的艦長蕭新民寫信給外交部國務卿約翰・杰伊（John Jay），建議美國委派領事和副領事到廣州，有利於加強美國的外交實力。一七八六年再任希望號（Hope）總監，並被任命為美國駐華第一任領事，成立領事館。但他在任期內沒有薪水也沒有津貼，中國官員也不承認他的領事官銜，僅視為美國商人領袖。美國至一八二四年止，派駐中國的領事全由商人兼任，唯一的收入是一點手續費，職權極為有限，對本國僑民並無司法審判之權。美國領事館無力雇用中國翻譯員，而所有在中國的美國人中，沒有一個能通中文。直到一八四五年為止的六十年間，美國沒有真正的外交官派駐中國。

10. 其回憶錄臺灣有出版：莊宏哲著/譯，《一七七一福爾摩沙：貝紐夫斯基航海日誌紀實》，臺北，前衛出版社，二〇一四年九月。

11. 此時期茶葉尚未引進臺灣種植，此屬美國商人對臺灣環境的評估。

12. 戴維斯（John Francis Davis）十八歲到廣州，在東印度公司任職，擔任過英國政府駐華商務總監，又任香港第二任總督。

13. 禁教政策內容有：西洋傳教士一律不得居留中國，臣民若信教皆處死刑。清中葉以後的閉關政策還禁止外國人學習中文，若有中國人教授外國人中文，一經發現即處死刑。

14. 一八三二年至一八五一年間，裨治文主編了長達二十卷《中國叢報》，經費也是由美商奧立芬所提供。

15. 一八三二年夏天大旱，加上清朝廷的臺灣嘉義知縣邵用之治事無方，農民領袖張丙在同年十月「豎旗起義」，攻占臺灣縣大部分地區與雲林斗六門（斗六）一帶，建國號為「天運」，自立為「開國大元帥」，期間並聚集數萬名兵力強攻鹽水港，此役造成臺灣府知府等官員戰死。鳳山與彰化也各有群眾反抗官府；不過因為張丙久攻不下嘉義，加上王得祿、劉廷斌等人反制，動亂漸平。同年十二月，張丙及其部屬因事敗被捕，後來被解送京師依謀反律判凌遲處死。

16. 請參見本書〈1.臺灣錢，淹腳目〉。

17. 一八四四年七月三日，中美雙方於望廈村簽訂《望廈條約》，又稱「中美五口通商章程」，凡英國於《南京條約》中所獲得之權利，美國於此約中同樣取得。包括准許美國人民在廣州、福州、廈門、寧波、上海五港居住及貿易，並設領事辦事。且准許美國人在這些地方租賃民房或租地建屋，並設立醫院、禮拜堂及墓地等條款。且條約於十二年後改訂。

18. 這是一八三〇年代在美國發展出來的新型快速帆船，船型瘦長，長寬比大於六比一，航速快而噸位不大，船首前端尖銳突出，並且是空心的，使船在風浪中便於抬首，提高在浪中的航向穩定性、減小船首的阻力，但一八七〇年代後逐漸被蒸汽機船所取代。

19. 鯨魚肉去掉後，脂肪部分可以用來做為燈油，可供工廠夜間加班作業的照明之用。

20. 克里米亞戰爭（Crimean War）是一八五三年至一八五六年間在歐洲爆發的戰爭，作戰的一方是俄羅斯帝國，另一方是鄂圖曼土耳其帝國、法蘭西帝國、不列顛帝國，後來薩丁尼亞王國也加入這一方。因最長和最重要的戰役在克里米亞半島上爆發，後來被稱為「克里米亞戰爭」。

21. 一八五五年六月二十七日簽訂的這份密約，現保存於美國檔案局，編號 USNA: MD, China, M-92, R-15。

22. 赫里士（Townsend Harris）曾在中國、新加坡及印度經營商務失敗，想找個到香港、廣州或上海等地的領事館工作，都沒有下文，遂至澳門努力研讀歐洲各國關於臺灣的著作，後被任命為駐日總領事。

23. 一八四四年到一八五五年的十二年間，伯駕除擔任「美國使團在華中文祕書」外，還先後擔任美國對華政策顧問、翻譯和代理公使。

24. 根據《望廈條約》第三十四條規定：「至各口情形不一，所有貿易及海面各項航權恐有需變通之處，應以十二年後，兩國派員公平酌辦。」據此，美國可於一八五六年修約，但援引最惠國待遇認為《南京條約》於一八四二年簽訂，一八五四年即十二年期滿，於是美國向中國提出「修約」的要求。

25. 一八六〇至一八六五年的南北戰爭。美國第十五任總統詹姆斯·布坎南於任內無法調和南北之間的衝突，一八六一至一八六五年之間發生了內戰。繼任的林肯總統於連任後的一八六五年四月遇刺，安德魯·詹森以副總統繼任為總統，之後的重建時期長達十餘年。因此美國對於遠東的任何政策，實際是無暇顧及的。

26. 請參見《被混淆的臺灣史》〈4.臺北如何變成臺灣的政經重心？〉。

大事記

1783 ■美國獨立

1784 ■中國皇后號從紐約到廣州，開啟中美直接通商的歷史

1789 ■在廣州的美商兼領事蕭新民注意到臺灣有豐富的米產
法國大革命引發的戰局，間接促成美國對中國貿易的擴張

1791 ■美商船員戴蘭諾已經知道每當東北季風期間，中國海北部和臺灣海峽附近的風浪特強

1795 ■《中國總誌》出版，有專章介紹臺灣

1796 ■《中國史地哲學概觀》出版，有一節專談澎湖

1803 ■美國開始對中國進行鴉片走私

1812 ■英美戰爭爆發

1814 ■英美戰爭結束

1815 ■拿破崙戰爭結束

1827 ■美商伍德創辦《廣州紀事報》

1830 ■美國基督教第二次覺醒運動結束，伍德在美國費城出版《中國概略》，美國傳教士裨治文到達廣州

1831 ■普魯士傳教士郭士立隨同英國東印度公司船隻抵達臺灣

1832 ■裨治文在廣州發行《中國叢報》，並在臺灣嘉義發生張丙事變時，加以報導

1833 ■郭士立於美國出版《中國沿海兩度航行記》、《中國史概略》等書

1834 ■美國傳教士史迪芬於《中國叢報》發表系列文章介紹臺灣，美國傳教士雅裨理出版《留華日記》

大事記

1836 ■英國人戴維斯出版《中國人：中華帝國及其居民概述》，被選為美國青年必讀書刊之一

1842 ■中英鴉片戰爭結束，簽訂《南京條約》

1844 ■七月初，中美簽訂《望廈條約》

1847 ■美國打算增設渡過太平洋的輪船航線，直達上海和廣州等地，由於輪船需要煤炭而注意到臺灣

1848 ■美國傳教士衛廉士集結三年來在美演講內容出版《中國總論》，是當時西方最為著名為漢學著作之一，書中有不少關於臺灣的介紹

1853 ■美國東印度艦隊司令培里抵達日本下田

1854 ■美商進入臺灣北部雞籠，企圖獲得開採煤礦的特權，並私下來臺推銷鴉片

美商赫里士建議美國政府奪取臺灣

美國東印度艦隊培里司令與日本簽訂《下田條約》和《神奈川條約》等，強迫日本開港

培里建議在臺灣建立基地

1855 ■六月二十七日，美商威廉士與臺灣道裕鐸簽訂私約，獨占南臺貿易並使用打狗港

八月，伯駕被任命為駐華公使，負責《望廈條約》的修約，隨後展開對臺灣占領計畫

1857 ■美國東印度艦司令阿姆斯壯特派辛茲到打狗調查臺灣

八月七日，伯駕因美國政府反對而放棄占領臺灣的計畫

1858 ■十月，魯濱內被判刑，美商退出打狗港

1859 ■中美《天津條約》簽訂完成，臺灣（臺南安平港）被開放為對美通商口岸之一

3 李仙得在臺灣當老大的日子

你以為：一九五〇年代美國在臺成立美軍顧問團，才對臺灣具有影響力

事實是：清朝廷統治後期，美國人李仙得就已經在臺灣當老大哥

如前章所述，臺灣還未式開放為通商口岸之前，來臺貿易並不合法，美商爭相來臺做生意。反而當中國在美國的壓力下簽訂《天津條約》（一八五八年），美國商人終於可以合法來臺灣，來臺貿易的美商卻減少了。

當時福建督撫及臺灣地方官員等候美國領事來臺商辦開埠事宜，但因美國找不到願意來臺的代理領事，只好由廈門領事海雅（Thomas H. Hyatt）處理臺灣口岸（臺南安平港）的開埠。

海雅曾因奉命調查美國商船「飛鳥號」在臺灣海岸附近失事後的下落，到過臺灣府（臺

南）（圖1、2），他知道臺灣府人口稠密，鄉村繁榮，中國商船頻繁往來的安平港漲潮時水深不夠，大型貨船無法進泊；反而可停泊大型船的淡水以及雞籠（基隆），以及南部的打狗（高雄）港等都未正式開放。

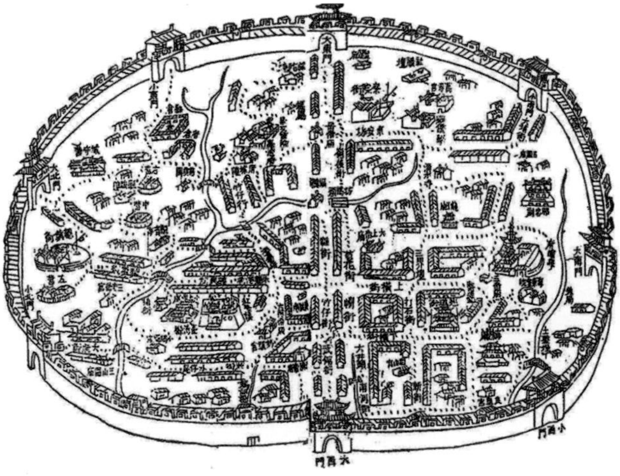

圖1 臺灣府（今臺南）城池圖

圖2 臺南大南門今貌

圖3　英國副領事郇和

郇和或譯為史溫侯，他雖是十九世紀時英國駐廈門、打狗等地領事。卻熱衷於研究鳥類，他在中國和臺灣期間調查了中國南方和臺灣的自然生態，目前臺灣鳥類中有超過三分之一是他率先發現並報導的。（攝於高雄打狗英國領事館）

*圖4　李仙得眼中的滬尾（今淡水）

*圖5　李仙得眼中的雞籠（今基隆）

因此，海雅根本沒有到臺灣商辦開埠。直到一八六一年六月英國副領事郇和（Robert Swinhoe）（圖3）來到臺灣，臺灣口岸才正式開放通商（圖4、5、6、7）。

為何美商取得合法來臺資格後，反而失去以前自告奮勇請願到臺灣殖民的熱情？按學者黃嘉謨的觀點，當時美商最希望美國實質占有臺灣，或由美國人在臺灣建立獨立政府，而不只是來臺貿易。但是，美國政府因國內有南北戰爭等因素，並不想占領臺灣，只想與臺灣維持合法貿易關係。也就

*圖6　李仙得眼中的打狗港（今高雄哨船頭端）

*圖7　李仙得眼中的打狗港（今高雄旗津端）

是，美國政府的做法並不符合美商的期待。

雖然還是陸續有美商來臺貿易，但兼管臺灣的廈門美國領事呈給國務院的報告中，根本沒有列出臺灣商務項目。而駐華美使很少過問在臺灣美商的活動，只有一八六四年，因臺灣道拒絕開放臺灣府港口對外通商，福州美國領事才來到臺灣進行交涉。

兩年後，由於臺灣稻作歉收，臺灣官方禁止洋商船隻運米糧出口，但有一位美商卻執意開船到打狗購買白米，且未取得海關的運米單照（船運貨物進出口核准表單，進出關時交關員查驗）就將白米運往廈門，廈門海關不准開艙卸貨，並打算沒收。廈門美領事出面干涉，並報請美國大使與清朝廷總理衙門商議解決辦法。在美國抗議下，這批白米才被放行。

就美商在臺灣的商業利益而言，臺灣茶葉貿易開始發達[1]後，主要消費市場是美國，但當時在臺灣從事茶葉貿易的五家洋行都是英國籍，將茶葉由淡水運到廈門再運往美國也以英國籍船隻[2]為主。因此，中間利潤全被英國洋行和輪船公司賺走，美商無利可圖。從廈門前往美國本來走太平洋航線，但蘇伊士運河開通（一八六九年）後，英國籍船隻改走蘇伊士運河，太平洋航線船隻（美國和加拿大籍）的數量開始減少[3]。

到了一八八八年，美國駐北京大使田貝（Charles Denby）訪臺，呈報國務院臺灣有大量的物產（特別是茶葉）運往美國，但是美國仍未在臺設領事館，可見美國政府始終認為

＊圖8　李仙得

臺灣商務還沒有重要到必須設領事館來管理保護。

其實，美國政府在臺灣最需要、也最棘手的是船難事件的處理。相關事務歸美國廈門領事所管轄，當時廈門領事是曾在南北戰爭有軍功的李仙得（Charles W. Le Gendre）（圖8），他也因此成了「臺灣通」，甚至經常扮演衝突事務的仲裁者，儼然一副美國老大哥的派頭。

臺灣開港前，有些美國人懷疑遇難人員在臺登陸後，被當地人民拘禁奴役或殺害，因而主張對臺灣採取強硬行動，但美國政府並未採納。開港之後，又發生美船遇難事件，但當時駐華公使蒲安臣（Anson Burlingame）也以北京使館設立不久，凡事重在爭取中國朝野的信任與友誼，並未處理。

一八六七年三月九日，美國有一艘商船「羅發號」（Rover）自廣東往遼寧途中遭遇颶風，漂到臺灣南端海面，在蘭嶼附近沉沒，船長及船員等十四人

＊圖9　羅發號事件中遇害的韓特夫人
其為該船船長韓特（John Hunt）的夫人（Mercy Hunt），兩人皆於該事件中在臺灣被原住民所殺。其遺體被兩位原住民婦女埋葬在樹下，後被英商必麒麟等人尋獲，並帶回美國。

在瑯嶠（今屏東恆春）登陸，卻被原住民射殺（圖9），只有一名廣東汕頭籍廚師脫逃後輾轉到打狗報案，才由英駐打狗副領事轉知蒲安臣。

李仙得在四月初得到消息後立即趕到福州，一方面向北京美國使館及美國政府請示對策；一方面與閩浙總督交涉，要求按照中美《天津條約》，嚴令臺灣地方官員救出遇害人員，並嚴懲原住民，但他的要求卻被拒絕。

於是李仙得親自搭乘美國砲艦從福州出發，四月十八日抵達臺灣府。隔日就要求臺灣總兵劉明燈、臺灣道吳大廷設法救回羅發號倖存人員，迅速派官兵搜捕凶番並嚴加懲辦。

劉明燈等人竟說原住民居住地不隸屬中國版圖，通曉國際法的李仙得因而開始對臺灣原住民土地的所屬及管轄產生質疑。尚未得到美國政府指示前，李仙得就先率艦南下打狗、瑯嶠等處查探，發現臺灣地方官府沒有設法營救遇難人員，也沒有派官兵對付原住民。他原打算直接與原住民交涉，贖回倖存船員及遇害者遺體，但沒人敢上岸傳遞消息，只好回廈門。李仙得順便觀察當地的地形，做為將來可能發動戰爭攻擊的準備（圖10）。

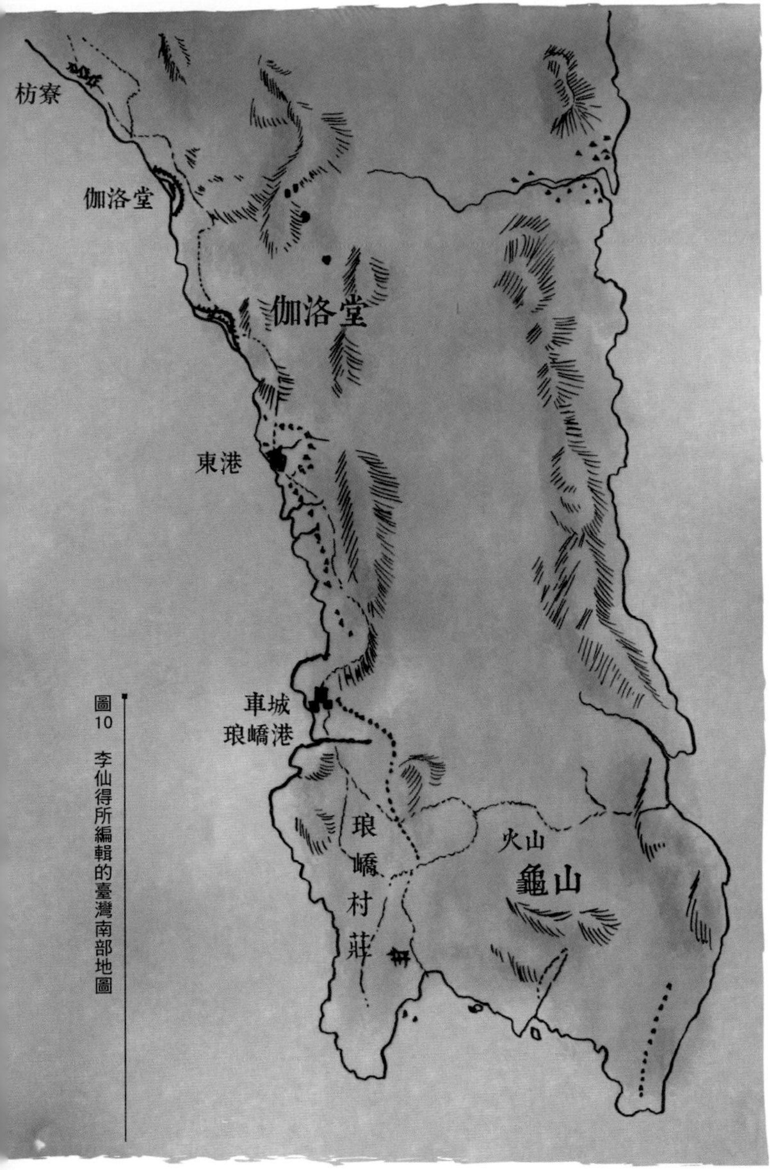

圖10　李仙得所編輯的臺灣南部地圖

圖11　被稱為「臺灣通」的必麒麟
必麒麟，英國諾丁罕郡人，臺灣探險家。一八六三年來臺，先後任職於打狗子口海關、安平海關、天利行、怡記洋行。他深入探訪臺灣番界的紀錄，成為研究臺灣原住民歷史的重要文獻。他在臺灣大量收購樟腦，引發了英國與清朝廷的樟腦戰爭。（圖片引自《維基百科》）

香港《中國郵報》（*The China Mail*）於四月六日報導該事件後，香港美領事阿倫（Isaac J. Allen）立即呈報國務院，建議奪占臺灣，理由是臺灣若歸為美國領土，自然可控制原住民的野蠻行為，並使臺灣成為歐美對中國商務的安全管道。

美大使蒲安臣直到事件發生後一個多月（四月二十二日）才向清朝廷總理衙門要求嚴辦殺人罪犯，特別聲明將由美國艦隊司令派船前往臺灣，會同臺灣地方官府查辦。總理衙門除向蒲安臣表示歉意，也答應立即轉告福建省督府，要求臺灣地方官員趕緊查辦懲治凶徒。

美國政府在六月中陸續收到領事阿倫及李仙得、蒲安臣的報告後，雖覺事態嚴重，但仍強調「絕不希圖占領臺灣」的立場。

但李仙得與美國亞細亞艦隊早已準備

採取武力行動，收到國務院訓令以前，就在「臺灣通」英商必麒麟（William Alexander Pickering）（圖11）的前導下，發動軍事攻勢，只是船堅砲利卻不敵善於利用地勢的原住民，副艦長陣亡，美軍被迫撤回。

征討失敗後，李仙得希望劉明燈等履行派人查辦的承諾，卻得到「原住民行為如同獸類，不可理喻，美國大國大量，當不屑與其計較」的卸責回覆。他又在六月中旬轉向要求福建省官員「即刻查辦此案」，福建省官員怕美國再次出兵，答應立刻嚴格要求臺灣官員查辦。

李仙得還是擔心臺灣官員沒有真正付諸行動，他要求福建省為他準備專輪，並於九月六日抵臺，要求劉明燈等立刻執行，且堅持親自視察。劉明燈只好在九月十日率兵出發，李仙得和翻譯隨同前往，九月二十三日到達瑯嶠。

李仙得要求十八社總頭目卓杞篤（圖12）前來會晤，威脅利誘下，卓杞篤屈服，雙方在十月十日協議如下：原住民對殺害羅發號船員一事表示悔過，美方不予深究；以後船員遇風漂至臺灣登岸，原住民必須救護，移交瑯嶠地方官員，並協助受難船員回國；船上人員如打算登陸原住民地區，應舉紅旗為記號；原住民地區不得設立砲臺，但可在平埔族區域設立。

當李仙得與原住民達成協議時，清軍卻突然在十月十三日包圍原住民。隔兩天，李仙

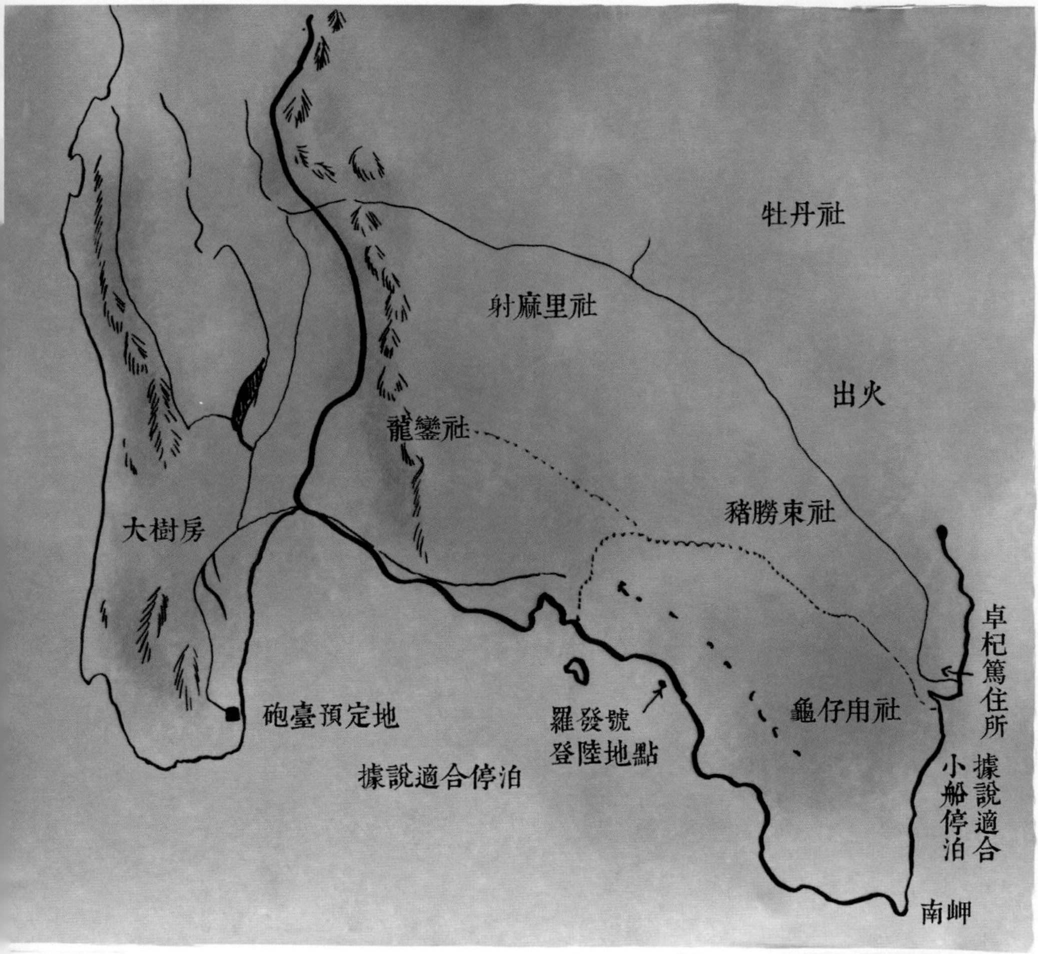

圖12　頭目卓杞篤的勢力範圍（黑線內）

得告知清軍協議內容，並聲明只要原住民日後願意遵守條約，並保證不再有類似行為，且各族頭目願意協同抓捕凶手，即可和平解決。之後並商請福建省督府設置砲臺，派兵駐守，並依條約保護遭風浪而遇難的歐美船員。

劉明燈完全同意，於是雙方列出歷次協議原則，取得平埔族頭目等的具結保證後，經李仙得同意，結束軍事行動。十月二十三日，李仙得從打狗搭乘專輪回到廈門，他此行的成就獲得國務院等美方各界的讚揚。

處理羅發號事件半年多期間，李仙得開始注意到臺灣的商務，並列入商務報告中。他經常乘坐美艦到澎湖、臺灣各地，表面是調查羅發號事件，實際上是訪察當地的政事、民情、物產、資源以及貿易概況。

李仙得發現與清朝廷官員（圖13）談判必須有強大的武力為後盾，才能獲得滿意結果；但對於比較單純

＊圖13　臺灣的清朝廷官員

的臺灣原住民（圖14），透過和平交往的方式，反而可以與他們建立友好的關係。他運用「雙軌政策」——砲艦與安撫，經常隨同美艦巡泊臺灣港口，並與原住民直接往來。

羅發號事件的隔年，臺灣南部因樟腦利益引發中英衝突，甚至引起「樟腦戰爭」，李仙得也扮演重要的角色。

臺灣是世界重要的樟腦產區，開港通商後，英國商人因簽訂條約中獲得特權，占有極大貿易優勢，並控制樟腦的進出口（主要是英國怡記洋行、鄧特洋行）。華商因此向清朝廷請願限制英商，清朝廷在一八六三年下令禁止英國商人私自購買樟腦，並將樟腦收為官辦。

從此經常發生英商收購樟腦而引起的衝突。英商被禁止私購樟腦的三年後，臺灣英國領事哲美遜（Jamieson）要求恢復樟腦自由買賣，被臺灣道吳大

*圖14　李仙得與臺灣原住民合影

圖15　曾憲德與吉必勳的會談（攝於高雄打狗英國領事館）

廷拒絕，英國公使向清朝廷總理衙門提出抗議，也遭拒絕。

一八六八年，英商必麒麟大量收購樟腦，且拒絕被沒收而舉槍擊傷清朝廷官兵。後來德記洋行一位經理從打狗往臺灣府城途中，又被臺灣道衙門的官兵毆傷。同時有怡記洋行的樟腦在彰化縣梧棲港遭到清朝官方扣押，使中英關係陷入緊張。

五月，李仙得正好搭乘砲艦「阿魯斯圖號」到打狗。之前李仙得就想為美商爭取直接向樟腦戶採購樟腦，卻發現臺灣官方實施樟腦專賣，於是與英國聯合行動，反對樟腦專賣，他邀英領事、海關稅務司、必麒麟等人到臺灣府城要求發還被扣的樟腦。在美國砲艦與李仙得的威脅下，臺灣道梁元桂答應發還扣押的樟腦，但仍維持專賣制度。

李仙得進而向福建省大官們交涉，指出樟腦專賣辦法違反中美《天津條約》應廢止。另一方面，

因臺灣官府嚴格取締英商偷私運樟腦的行為，新上任的臺灣英領事吉必勳（John Gibson）幾次交涉沒有結果，轉向香港英海軍求助。

香港英海軍高級官員特別到廈門找李仙得商量，李仙得一面請求在廈門的美艦駛往雞籠、淡水等港口，聲援開赴臺灣南部各港口的英國軍艦，並寫信給劉明燈，要求即刻停止樟腦專賣。

到了九月交涉仍沒有結果，英方決定派出四至八艘兵艦，脅迫臺灣官員就範，清朝廷得知後，趕緊派福建省官員曾憲德來臺查辦。李仙得要求曾憲德務必設法廢除臺灣樟腦專賣辦法。十一月十六日，曾憲德與吉必勳會談（圖15），隔天，吉必勳即提出書面要求：發還所

＊圖16　李仙得在臺時期的艋舺

扣樟腦貨款、賠償英國商人損失、廢除樟腦專賣辦法等，限二十四小時內履行。

因要求沒有獲得回覆，吉必勳於是通知英艦行動。兩艘英艦十一月二十日進入安平，隔天即占領全城。二十九日，曾憲德再與吉必勳會談，簽訂《樟腦條約》，取消樟腦官辦，且必須賠償英國商人的損失及軍費。簽約後，臺灣道梁元桂遭革職，臺灣的樟腦進出口徹底落入英國手中。

後來吉必勳卻因英政府不認同他的武力行動而被免職，鬱鬱至死。李仙得也被美國公使斥責並警告：美國領事應遵照國務院的訓令[4]辦理所有事項。

同年秋天，臺灣北部發生「艋舺事

件」（圖16）。英商寶順行（Dodd & Co）向艋舺一位民婦黃莊氏租房屋作為行址，遭黃姓族人激烈反對。寶順行負責人顧爾（Crawford D. Kerr）率領行員強行入住，雙方發生衝突，顧爾和一個行員被毆傷，貨物亦有損失。

當時淡水廳同知富樂賀不在艋舺，淡水英副領事何為霖（Henry P. Holt）向當地官吏交涉卻被辱罵，於是緊急請英國兵艦進泊淡水，提出九項條件，包括淡水同知應道歉、重懲肇事人員、罰款並賠償損失、交出原租房屋及駐兵艋舺保護英商等，限於十月二十七日上午十時前全部履行，否則英方將自由採取其他行動。

這件民間糾紛本來與美國無關，但因顧爾兼任淡水英國領事代理人，他被人打傷，除報請英領事處理，也函報廈門領事李仙得，請派兵艦保護。

十月二十三日，李仙得再搭乘「阿魯斯圖號」到淡水，以調解人姿態，勸富樂賀迅速謀求解決之道，並代何為霖草擬辦法七條，包括革斥艋舺官員、黃莊氏及肇事人員分別罰款、賠償英商損失、明白告知人民應與洋商友好公平交易、艋舺耆老與仕紳具結保證類似情事不再發生等。英、美砲艦壓境，富樂賀只好屈服。

羅發號事件解決後一年多，李仙得到瑯嶠附近的車城巡視，發現之前在馬鞍山設立的臨時砲臺已廢棄，到了冬天，有英國籍船隻在臺灣南端失事、船員登岸被抓，李仙得知道後又立即來臺，要求臺灣道黎兆棠設法營救並釋放被抓的英國人員，而且依過去的協議設

圖17　以羅發號為契機興建的燈塔（鵝鑾鼻燈塔的前身）
（引自Library of Congress館藏）

立砲臺。後來被抓的英國船員被釋放，黎兆堂認為原住民已開化，應不需要在馬鞍山設立固定砲臺，李仙得向駐華美使請示下一步行動，新駐華大使鏤斐迪（Frederick F. Low）卻沒有給他進一步的行動指示，令他大為不快。

羅發號事件三年後（一八七一年秋），李仙得聽說臺灣南端官員無力保護失事登岸的船員，認為需要再借重礮艦的力量進行交涉，他求取上海美國總領事的許可，並至香港說服美國亞細亞艦隊司令派艦前往臺灣。

隔年二月底，李仙得由廈門乘「亞士休洛號」渡臺，三月初與臺灣道交涉並簽訂協議：除了在枋寮設官駐兵，更在瑯嶠及楓港等地由平埔族各社頭目組成勇目[5]屯守，以保護地方及失事船員；重開枋寮通往楓港的道路並經常維修；在大樹房（今屏東縣恆春鎮大光里）附近建造燈塔一所等（圖17）。

李仙得回到廈門後，向福建省督撫申請批准所議定的新計畫，並轉總理衙門核定，只獲得「等收到臺灣道報告即行辦理」的答覆。於是他又採取「砲艦外交」，派「伯尼西亞號」艦長攜帶文件前往與臺灣道交涉，果真達到目的，除燈塔因總稅務司未同意撥款沒有建立，其他事項全部施行。

李仙得對原住民則採「投其所好」的安撫政策。羅發號事件談判期間，因美國艦隊不願再對原住民用武，李仙得只好和平解決，還可因此獲得更大利益。於是一八六八年五月，李仙得贈送原住民最缺乏的衣服等用品，以及最喜歡的槍砲等武器。他同時設法讓原住民相信美國人誠實而具榮譽感和人情味，與中國人不同，加深原住民對中國人的反感。

羅發號事件後，原住民地區發生不少天災橫禍，十八番頭目們認為是上天懲罰他們。加上之前美軍登陸征戰時砲火猛烈，多位原住民傷亡，使卓杞篤等深懷戒心，李仙得於是乘機安撫原住民。一八六九年二月二十八日，卓杞篤如約與李仙得會晤，雙方表示仍舊維持友好關係，並申明一年多前的協議：失事船隻人員登陸逃難，原住民必須救護；各船船主如要上岸取淡水或找尋壓艙石塊應先舉起紅旗，等有同樣信號回應再行上岸；上岸者不准窺探原住民村莊及獵場，否則遇有傷害事故，與原住民無關。

卓杞篤建議李仙得將這些協議事項詳列成備忘錄，交由卓杞篤收執，並留下底稿，事後公告讓歐美船隻知道。

李仙得送給卓杞篤一大批貴重禮物，包括紅色羽緞一百八十碼、手槍、單筒槍、長槍各一支，象牙望遠鏡連套一副，小珠、耳環、手鐲等，卓杞篤欣然接受並設宴款待，李仙得則拿出大批洋酒，共同暢飲至午後三時，雙方鳴槍後各自盡興而歸。

歸途中，李仙得仔細考察各地的人情、地質、物產和礦藏，做成紀錄，他又在平埔族村莊投宿，並贈送他們珠寶及英國出產的紅布等。讓他最得意的是，清朝廷在臺官員無法控制的原住民，竟然接受他的安撫。美國公使肯定李仙得的做法，並在寫給國務院的信函中讚揚他。

之後兩年，歐美船隻在臺灣南端仍不時觸礁失事，船員登岸逃難，各原住民部落的處置都不盡相同。卓杞篤要求李仙得見面以重申舊約，一八七二年三月初，李仙得帶大批禮物，還有醫官同行來為原住民治病。見面後，卓杞篤並建議每年冬季會晤一次，當眾宣讀議約內容，以免原住民遺忘，並希望每一艘友好船隻經過附近海面時都高舉紅旗，讓原住民知道。

接著在卓杞篤主持的盛大宴會中，李仙得趁大家有幾分酒意，要卓杞篤和副頭目唱出「團結如兄弟」的詞。卓杞篤立刻表示：兄弟本應一心，但他根本無法控制所屬各社的頭目，並激動離席，場面尷尬。副頭目為化解僵局，立刻對李仙得表示尊重和友好，其他頭目也表示：美國人如果受到其他惡意部落的干擾或傷害，他們願意協同採取行動，這些自動提供的保證，自然是李仙得所期望的。

但李仙得也因此瞭解十八社各番社關係並不和睦，只與其中一社協議救護失事船員，並無法拘束其他社的行動。因為救護及送回船員花費可觀，獲救人員事後寄來的酬謝金，地方官竟沒有轉交給原住民，因而引起不滿。此外，清朝官方並未在枋寮以南委派照料船難的人員，原住民雖初步救護，卻無法或不願遣送到遠處，於是有「殺掉了事」的心態。

也有頭目建議李仙得分別約見各社頭目；另有擔任翻譯的原住民告訴李仙得：卓杞篤的領導權受到挑戰，有些社不願與他一同履行約定；更有人譴責卓杞篤，說他不應允許外人深入原住民領域，讓他們的祕密洩露。李仙得無法解決這些問題，只能再去逼迫臺灣官員們想辦法了。

雖然李仙得的砲艦外交和籠絡原住民的雙軌做法大多獲得勝利。但新任美使鏤斐迪並不喜歡李仙得，更不認同他的做法，彼此針鋒相對。李仙得爭不過鏤斐迪，於是爭取轉任駐阿根廷公使，但任命案又被參議院擱置，為謀求對策，他在一八七二年十月十二日乘輪船離開廈門，也離開了當臺灣老大的日子。但是，李仙得沒有回美國，而是到了日本，並以他對臺灣的熟悉與理解，說服日本於一八七四年發動了侵臺的牡丹社事件[6]。

附註

1. 關於本章提及的臺灣的茶葉及樟腦貿易活動，可參考《被混淆的臺灣史》〈4.臺北如何變成臺灣的政經重心？〉。
2. 一八七一年起，英國人道格拉斯先開香港到淡水的定期航線，由海龍號（Hailong）行駛，半個月往返一次，中途停靠汕頭和廈門。隔年，增加福爾摩沙號（Formosa）航行半個月往返一次，中途停靠汕頭和廈門；一八七三年開設香港到安平的航班；一八七五年，再將臺灣號加入香港和淡水的航線中；一八九三年成立道格拉斯船行。
3. 一八六九年前，貨運用快速船，蘇伊士運河開通後，改用輪船。蘇伊士運河連結了歐洲與亞洲之間的南北雙向水運，不必再繞過非洲南端的好望角，大大節省航程，更是英國籍船隻的最佳選擇。至於太平洋航線，原先只有美國籍太平洋郵輪公司和加拿大籍太平洋輪船公司，在蘇伊士運河開通後，更無法競爭，或轉賣或減少航班。
4. 此訓令如下：一、對於每一引致衝突的問題應提報美國使館並請示後，再採取恐嚇措施或武力示威行動；二、中國地方過失情事應鄭重向中國政府說明；三、非有國務院或駐華使館的確定訓令，不應採取恐嚇或武力示威行動；四、駐華美使館決定的行動應隨時報告美國政府。
5. 平埔族社村的頭目，類似現在的村里長，有稱為土目，也有稱為番耆、管社、副土目、社頭、社師或隊首等。
6. 請參見《被混淆的臺灣史》〈3.近代日本何時開始覬覦臺灣？〉。

圖註

*本文圖4～圖9、圖13、圖14皆引自引自費德廉、蘇約翰主編之《李仙得臺灣紀行》（二〇一三年，國立臺灣歷史博物館出版），原刊詳細頁數分列如下：

*圖4，第四十頁，「雞龍港口與雞籠城鎮」（來源：早稻田圖書館“Notes of travel in Formosa, plates”照片簿）。

*圖5，第四十五頁，「滬尾或淡水」（來源：Photographs and maps used in the publication of: L’ ile de Formose, by Imbault-Huart [Consul of Frank, Canton], 1893. Vh.24a (fol.). Ancient photographie, Estampes et photographie, Bibliothèque nationale de France. Paris.)。

*圖6,第一百六十頁,「打狗北邊」(來源:Photographs and maps used in the publication of: L'ile de Formose, by Imbault-Huart [Consul of Frank, Canton], 1893. Vh.24a (fol.). Ancient photographie, Estampes et photographie, Bibliothèque nationale de France. Paris.)。

*圖7,第一百六十一頁,「打狗南邊」(來源:Photographs and maps used in the publication of: L'ile de Formose, by Imbault-Huart [Consul of Frank, Canton], 1893. Vh.24a (fol.). Ancient photographie, Estampes et photographie, Bibliothèque nationale de France. Paris.)。

*圖8,p.xci,「李仙得上校」(來源:Mattew Brady, "Col. Charles W. LeGendre, 51st N.Y. Volunteers, ca.1860-ca.1865" War Department, Office of the Chief Signal Officer, U.S. National Archives and Records Administration (NARA), Arcweb, arcweb.archives.gov, 二〇一三年一月二十二日檢索)。

---

*圖9,P.xciv,「韓特夫人」(〈李仙得略傳〉作者蘇約翰二〇〇四年受贈自Marilyn Langei夫人)。

*圖13,第二一三頁,「福爾摩沙中國的官員」(來源:早稻田圖書館"Notes of travel in Formosa, plates"照片簿)。

*圖14,第三〇四頁,「李仙得與原住民」(來源:美國國立檔案館)。

*圖16,引自《艋舺城鎮》第一冊,第五十頁,「艋舺城鎮」。

大事記

1860 ■華若翰宣布廈門領事海雅兼任臺灣領事

1861 ■英國駐臺副領事郇和抵臺

1864 ■臺灣道拒絕開放臺灣府港口（臺南安平）對外通商，福州美領事慶樂來到臺灣，會同英領事暨海關稅司等進行交涉

1866 ■美商哈衛斯違法在臺灣購買白米赴廈門，即將被罰。廈門美領事陳士、美使代辦衛廉士出面抗議，而被放行

1867 ■李仙得擔任廈門美領事

■三月九日，發生羅發號事件

■十月，李仙得與卓杞篤完成協議

1868 ■臺灣南部因樟腦利益引發中英之間衝突，甚至引發「樟腦戰爭」
臺灣北部則發生中英「艋舺事件」

1869 ■卓杞篤再與李仙得會晤，申明一年多前的協議並詳列成備忘錄

1872 ■三月初，卓杞篤與李仙得重述前約，並建議每年冬季會晤一次，當眾宣讀議約內容

■十月十二日，李仙得辭去廈門領事職務離開臺灣轉赴日本，並說服日本於一八七四年發動侵臺的牡丹社事件

4

臺灣為何讓日本人虎視眈眈？

你以為：日本人將臺灣視為南進的跳板

事實是：看上臺灣的砂糖、樟腦和日趨成長的消費市場

圖1　豐臣秀吉

甲午戰爭原是日本和中國因韓國問題而發生的戰役，戰場在中國東北及朝鮮，但為何遠在太平洋上、和此事件毫無關係的臺灣，卻無端被波及，割讓給日本成為殖民地？日本為何想要臺灣？

十六世紀末，日本的封建領主豐臣秀吉（圖1）平定內亂後，就曾想占領臺灣，當時他派使者帶國書來臺灣招撫，只是沒有如願[1]。

荷蘭人來臺之前，清、日商人到臺灣主要是交換生絲和白銀；荷蘭人來臺之後和日本人進行貿易，曾經因生絲利益，發生日本人濱田彌兵衛脅持荷蘭臺灣總督的事件[2]。

日本學者藤井志津枝認為：以上有關臺灣的歷史，藉由小說或戲劇在日本民間流傳，在日本人心目中逐漸形成「臺灣不屬於中國」的觀念，甚至有日本人（指有一半日本血統的鄭成功）（圖2、3、4、5）占領過臺灣的印象。在德川幕府時代，關於臺灣的文獻記載，都將臺灣和中國加以區別，並將臺灣列為中國的屬國。

圖2　日本平戶海濱鄭成功出生地——兒誕石

圖3　日本平戶鄭成功紀念館

圖4　鄭成功紀念館前的母子像

圖5　據說是鄭成功親手種的樹

一八五三年，當時掌權的日本德川幕府被美國強迫開國，簽訂條約後，陸續開放橫濱（圖6、7、8）、神戶等港口作為通商口岸，美國享有最惠國待遇。

俄、英、荷、法四國都比照和日本締約，享有相關優惠，日本從此門戶大開。

一八六二年，一艘「千歲丸號」從長崎開往上海，這是日本德川幕府鎖國二百多年來，第一次由官方派往中國的船隻，也是日本被迫開國以後，首次嘗試打開中日關係，正式開始海外貿易。

對於這波來自西洋的武力侵略與經濟壓迫，除了少數藩士反抗[3]，大部分日本人是接受甚至擁抱西洋的（圖9、10、11、12、13）。學者許介麟認為這是因為日本原先崇拜的「聖賢之國」中國，在鴉片戰爭中敗給了「洋夷」英國，日本人因而對「洋夷」刮目相看。

日本傳統對天皇絕對的信仰和尊崇也被喚起，進而向西洋人購買武器來推動「尊王倒幕」。一八六七

圖6 日本橫濱港

圖7 橫濱開港紀念館

圖8　橫濱慶祝開港一五五週年

日美雙方於一八五四年簽署了《神奈川條約》，四年後簽署《日美修好通商條約》，條約內容是將神奈川港（橫濱）開放。一八五九年七月一日，橫濱港正式對外啟用。（拍攝於二〇一四年）

年底，德川慶喜將大政奉還睦仁天皇，次年改元「明治」，開始以文明開化為要務的「明治維新」。日本有志之士更提倡進取朝鮮、滿州和中國本土，同時產生「領有臺灣」的想法。

從明治維新那年開始，就有日本船前來淡水與基隆；三年後，清朝與日本簽署《清日修好條規》，開放臺灣的淡水及安平港與日本正式貿易，隔年就有日本船來停泊，建立直接的關係。

圖9　日本版畫所描繪的培里

圖10　日本下田培里登陸處的紀念碑

美國人來到亞洲的第一站是日本，而日本人有感培里促使日本開放改革，走上富國強兵之路，視之為日本的恩人。

即便如此，日本對於臺灣的實況並不清楚，因此英美等國的「臺灣經驗」就非常值得學習。美國駐日公使德隆（C. E. De Long）曾向日本外務卿副島種臣推薦臺灣：氣候宜人，土壤肥沃，盛產米、蔗糖，有幾所礦坑，港口優良，對外國人是極為方便的地方。而且中國的政令無法在臺灣原住民區域施行，只要敢取臺灣就能據為己有。這番話讓副島種臣心動不已，美國人李仙得（圖14）更成為他的隨身臺灣專家[4]。

日本發動侵臺的牡丹社事件前一年，先遣人員提供來臺灣的視察報告如下：臺灣島上多煤炭，價值等於英國上等煤。輸出品中，大半是樟腦與樟油，同時產硫磺、砂糖、茶葉。島上多稻田，一年兩穫，品種雖然很差，但不必費力便可豐收。

臺灣古木蒼綠，一望無際，幾十年可取之不盡，東北山地產煤炭，原住民仍不知滿山煤炭的用途，民間開礦的人雖少，但淡水、基隆兩港每年仍可輸出煤

圖11　日本下田的培里路（當年培里從登陸處走到了仙寺的路）
（攝於日本培里路）

圖12　西方文化在橫濱（1）

圖13　西方文化在橫濱（2）

*圖14　中年李仙得

炭一百萬擔。噶瑪蘭的好木材多達五、六十種，各地產石油、硫磺、藍靛、茶葉、樟腦等。正如李仙得所說：「臺灣島可列為世界物產富饒地區之一。」如果從現在命令日本富商或世族花費幾十萬金，讓臺灣原住民開墾肥沃土地後，再逐漸開發礦山，事半功倍就可獲肥美土地。

日本特別注意臺灣的物產，主要是曾鎖國多年，對於「哪樣商品在哪個地方販賣比較有利？海外需要哪種日本商品？」等貿易必需的經濟情報完全無知。又因不平等條約以及貿易主導權被西方國家掌握，明治政府建立後十年間（一八六八至一八七八年）連續入超，財務相當吃緊。當時負責經濟政策的內務卿大久保利通對貿易不平衡有著重大的危機感。

學者梁華璜認為日本應是在牡丹社事件（一八七四年）出兵前，就已認知到臺灣的經濟價值，這也是日本征臺的重要因素。

牡丹社事件發生後，清朝廷意識到臺灣的重要性，派遣沈葆禎來臺，因此有相當多改革政策。十年後發生中、法戰爭，又派劉銘傳（圖15）來臺，隔年臺灣建省，劉銘傳更致力經營臺灣[5]。

劉銘傳在臺灣六年近代化建設的結果，使得蔗糖、樟腦、茶葉的產量逐漸增加，成為出口大宗，在國際市場占有一定地位。比起牡丹社事件發生當年，臺灣經濟規模在十七年間已有天壤之別，日本領導階層當然不會視若無睹。改進黨總裁大隈重信極力主張要臺、澎的意見書中提及：「臺灣沃野千里，米、麥、蔗糖、樟腦、茶葉、煤炭等產量豐富，其

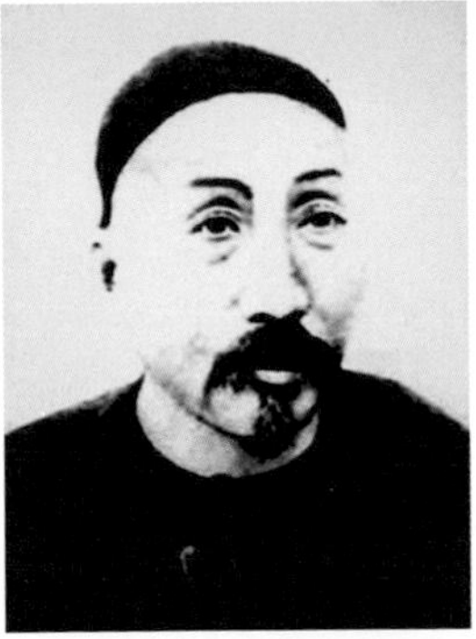

圖15　首任福建臺灣巡撫劉銘傳（攝於安徽合肥）

中蔗糖尤多，樟樹則有幾百年來未曾入斧之古木，蓊鬱參天，良材之多，自不待言。」除了產麥的說法不正確，其餘描述都很中肯。

因此，日本學者岡部三智雄曾說：「牡丹社事件之後，直到一八九五年之間，正是決定日本領有臺灣非常重要的時期。」

這二十一年間，日本為了擴大貿易，先後在廈門、上海、福州設置領事館，負責蒐集海外通商情報，也包括臺灣地區的情報[6]。這些通商情報對日本對外貿易相當有幫助。甲午戰爭期間，日本內部評估要割取中國哪些土地時，陸軍第三師團長桂太郎就主張要取臺灣，他認為臺灣將是日本向南洋伸張政治與商業勢力的根據地。

一八八六年，西班牙希望促成轄下的菲律賓與日本的通商關係。同年，駐香港的日本領事即前往菲律賓視察並提出報告書，舉出在當地受歡迎的日本商品，同時提案日本應移民到菲律賓，且應增進兩國通商貿易。假使日本和菲律賓開始通商，應開設日本到馬尼拉的航路，中途可停泊臺灣（臺南）或打狗（高雄）。

隔年的報告中提到：將來大有可為的日本輸出品，包括煤炭、鋼鐵、米穀、水產品等，若能逐漸擴大銷售到臺灣各地，獲利一定非常可觀。領事報告直接提到：「臺灣在不久的將來，會成為銷售日本貨物的好市場。」並提案隨著日本和福州、廈門建立關係，也應該與臺灣確立密切的關係。

福州領事上野專一在《臺灣視察復命》更提到：日本必須掌握臺灣的未來。臺灣物產豐盛，若能盡力開拓，應不難在臺灣建立一處日本的富裕天地，在清朝廷姑息政策的統治下，臺灣猶如被埋沒在地底的天賜寶物，不能對世界有幫助，實在可惜。

由於日本開港後砂糖輸入量迅速增加，且當時臺灣輸出砂糖幾乎有半數是賣到日本，砂糖成為日本十分關注的臺灣物產之一。一八七〇年，打狗苓雅寮的陳福謙首次將砂糖從打狗運到橫濱，四年後在橫濱開設「順和棧」砂糖貿易商行，開闢臺灣的砂糖銷路。臺灣割讓給日本當年，日本輸入砂糖更達一千二百萬日圓，每年花這麼多錢購買臺灣的糖，能將砂糖產地變成自己的統治區，當然是解除貿易赤字最好的辦法。

再說樟腦，臺灣和日本原是世界主要的樟腦產地，幾乎壟斷了世界市場。但後來日本因濫砍樟木，產量減少，甲午戰爭發生當年，日本的樟腦輸出量已不到臺灣的一半。當時日本仍處於資本主義起步階段，正需要充實國家資本，樟腦在國際市場可獲得豐厚利潤，既然臺灣盛產樟腦，當然不會輕易放過。

圖16 早年臺灣烏龍茶的海報（1）（臺北市茶商業同業公會提供）

圖17 早年臺灣烏龍茶的海報（2）（臺北市茶商業同業公會提供）

至於茶葉，更是日本開港後的主要輸出品，大久保利通視察歐美回國後，在內務省設置勸業寮農務課製茶掛，開始培育茶產業。

本來日本以輸出綠茶為主，大部分銷往美國，但因歐洲國家的人喜歡喝紅茶，日本人只好開始學習製作紅茶並推動外銷，由於紅茶利潤高，日本人混充粗製濫造的茶葉，這時印度茶和錫蘭茶興起，日本茶葉輸出陷入停滯。

為了提升茶葉品質，日本除了成立中央茶業組合本部，還派人到臺灣、中國、印度、錫蘭等地調查，並到臺灣學習製作烏龍茶。有位藤江勝太郎就在兩年內，三次自費來臺學習烏龍茶（圖16、17）製作，並詳細調查臺灣茶產業。他在報告中強調烏龍茶的吸引力，以及在臺灣靠家族勞動力來生產烏龍茶，因此，日本農家也能生產烏龍茶，他回到日本後，開始傳授和製造烏龍茶，獲得良好成果[7]。日本統治臺灣後，他更擔任總督府製茶試驗所所長。

此外，日本更發現，臺灣將會是日本棉布出口的主要市場。棉布是十九世紀國際資本主義開拓殖民地的武器，日本被迫開國之後，在西方各國棉紡織品廉價傾銷的衝擊下，傳統的棉紡織業衰退，於是陸續有棉紡織業者開始用洋紗織造傳統織物，逐漸恢復生產量，但傳統的手工紗生產則遭到毀滅性的打擊，逐漸沒落。

為遏制洋紗進口，日本棉紡織業開始積極引進西洋式機械紡紗設備，建立紡紗廠。民間資本成功創建了日本第一家大型紡紗廠——大阪紡織株式會社，因而帶動民間各界人士紛紛集資興辦大規模的機械化棉紡紗廠，大量購置先進的織布設備，成立機械紡織企業——以紡紗為主，兼營織布。日本國產機械紗產量在一八九〇年第一次超過進口量，隔年更高出兩倍，完全占領國內市場，但也進入第一次生產過剩的危機。

但一八八九年，日本因嚴重旱災，作物歉收，隔年引發經濟大恐慌，由於生活困苦，民眾對棉布的需求量大幅減少，各紡織廠產品滯銷，經營陷入困境。

為克服經濟危機，日本除了盡量減少進口棉紡織品，以保護國內市場，同時增加對朝鮮和中國的出口，擴大海外銷售。

而當時的臺灣因經濟發展，社會風氣奢靡，人民競相穿著材質優良、製作精美、色彩鮮豔的服飾，以炫耀身分地位[8]，紡織品成為僅次於鴉片[9]的重要進口商品，被視為家庭中最有價值的貴重財物。

圖18　三峽老街上仍可見到的染坊招牌

由於「渡臺禁令」限制攜帶家眷，臺灣女性人口很少，並不利於發展手工業及民生必需品製造業，因此形成兩岸的區域分工：臺灣生產的米、糖、藍靛輸出到大陸，而臺灣移民欠缺的棉布、絲織品及其他日用品都可從大陸運來。

當時輸入臺灣的有普遍使用的棉織品、較高級的絲織品、涼爽的麻葛類織品、保暖的毛織品與混合編織的交織品等，兩岸間頻繁的紡織品貿易，促使各地布郊、絲線郊等紡織業的行郊興起。

淡水開港（一八六〇年）之後，除了原先從大陸輸入的土布，開始有大量外國棉織品和毛織品進入臺灣，主要是西洋的灰襯衫布、白襯衫布，以及東洋的日本棉布。原先進口數量最多的灰襯衫布，主要用來製作茶葉包裝袋，因品質較差而日漸衰退。臺灣染布業（圖18、19）逐漸興起後，大陸開始將紡織品輸往臺灣，再將染好的布料運回大陸銷售。於是選擇布料時，就

圖19 藍染布製成的上衣（王淑宜女士作品）

要考慮是否方便染色，白襯衫布和南京土布比灰襯衫布容易上色，日本棉布又比英國棉布更適合上色。

特別是臺灣北部因茶產業興盛，經濟能力提升，更講究衣著，適合染成各種顏色的白襯衫布、日本棉布在北部市場大受歡迎，尤其日本棉布的質地與尺碼更符合臺灣人的喜好，因此，淡水開港後二十四年內，臺灣進口紡織品原是英國的天下，但日本棉布在一八八五、八六年開始輸入臺灣之後，後來居上成為臺灣進口量最高的紡織品。打狗海關稅務司的報告提到：「日本棉布近來頗為臺灣（臺南）居民所愛好，臺北亦同。日本棉布也許可以自然驅逐西方的棉布。」

日本棉紗產量驟增後，當務之急是開拓棉布市場，於是開始輸出至中國，之後，臺灣市場也受到日本重視。至甲午戰爭發生期間，日本人已認為臺灣將成為國際資本主義商品——棉布的市場。

因此一八九五年簽訂《馬關條約》，割讓遼東（後來歸還）、臺灣和澎湖列島，同意開放長江沿岸的沙市、重慶、蘇州、杭州等為通商口岸，並給日本商人內地製造權和倉庫租借權，承認日本在威海衛駐軍。大陸學者管寧認為這一切無疑都為正急於尋求海外市場的日本棉紡織業，提供了進入中國市場的機會和有利條件。

當日本來接收臺灣時，曾在甲午戰爭時隨日軍到過朝鮮、遼東半島的記者松原岩五郎，也隨軍來到臺灣，他以「乾坤一布衣」的筆名寫下〈臺灣風土記〉，敘述當年登陸臺灣時，看見的一切。他說：「臺灣百物茂盛，動物、植物多種多樣，非高麗（朝鮮）、遼東之地可比。」他描述當時的艋舺（萬華），比中國各地繁榮，物資豐富，勞工勤勉，而庶民穿著絲、麻編織的豔麗衣裳，身上裝飾金銀珠寶等。也就是，在日本統治之前，臺灣確實是商業鼎盛，遠比日本富庶的「寶島」。

一八九五年日本堅持割讓臺灣的最重要因素，也是衝著臺灣豐富的物產資源與市場價值，若說這是一場為「拚經濟」而籌謀的結果，應該也不為過吧！

附註

1. 豐臣秀吉平定日本內亂之後，開始計畫向外擴張勢力。先是一五九二年出兵朝鮮，再於一五九三年十二月二十七日派遣使者原田孫七郎攜帶〈高山國招諭計畫書〉前來臺灣。內容有如中國古代帝王征討的文書，除了宣揚國力及豐臣秀吉的功業，文末並以「若是不來朝，可令諸將征伐之，生長萬物者，日也；枯竭萬物者，日也；思之」威脅及恫嚇臺灣人納貢。因為當時原田孫七郎找不到可以傳遞文書給高山國的人，無法如願而返回日本。該文書現藏於加賀前田家之尊經閣文庫。
2. 關於本節提及的日本人和臺灣原住民及荷蘭人的交易與衝突，可參考《被誤解的臺灣史》〈5.荷蘭人和原住民〉和〈3.荷蘭人在臺灣做什麼生意？〉。
3. 一八六三年薩摩藩和英國發生戰爭，一八六四年長州藩在下關海峽砲擊西洋艦隊，兩次戰役均告失敗。
4. 關於李仙得對副島種臣的建議，本書〈5.日本為何能拿下臺灣？〉有更詳細的敘述。
5. 關於劉銘傳在臺灣的事蹟，可參考《被混淆的臺灣史》〈4.臺北如何變成臺灣的政經重心？〉。
6. 日本的福州領事館於一八七三年五月閉館後，一八七五年四月另外設立廈門領事館，負責臺灣地區，但一八八〇年閉館後，由上海領事館負責臺灣地區。一八八七年福州領事館重新開設，臺灣轉為福州領事館管轄。
7. 藤江勝太郎於日本統治臺灣後，擔任總督府製茶試驗所所長，建議改良茶樹，並利用機械化增加產量，對臺灣茶業發展極有貢獻。
8. 關於臺灣人當時的繁華奢靡，可參見本書〈1.臺灣錢，淹腳目〉，此處不再另外贅述。
9. 請參見《被混淆的臺灣史》〈2.抽鴉片〉。

圖註

*圖14，引自費德廉、蘇約翰主編之《李仙得臺灣紀行》（二〇一三年，國立臺灣歷史博物館出版），P.xcviii，「李仙得將軍」（來源："General Charles W. Le Gendre" The Far East 3, iv (1877)）。

大事記

16世紀末	■豐臣秀吉曾派使者帶國書來招撫臺灣，未能如願
1853	■日本德川幕府被美國強迫開國
1858	■簽訂《日美修好通商條約》，日本從此門戶大開
1862	■德川幕府將貿易船「千歲丸」開往上海，開始海外貿易
1868	■明治維新
1870	■打狗苓雅寮的陳福謙首次將砂糖從打狗運到橫濱
1871	■清朝廷和日本簽署《清日修好條規》，開放臺灣的淡水及安平港，可與日本開始正式貿易
1874	■牡丹社事件 大久保利通在內務省設置勸業寮農務課製茶掛，開始培育茶產業
1885－1891	■臺灣建省，劉銘傳開始建設臺灣，經濟快速成長
1890	■日本建立近代機器化棉紡織業，也首次出現生產過剩危機
1894	■日本樟腦產量減少，輸出量不到臺灣的一半 七月，爆發甲午戰爭
1895	■日本自臺灣輸入砂糖達一千二百萬日圓 四月，簽訂《馬關條約》，臺灣、澎湖割讓給日本

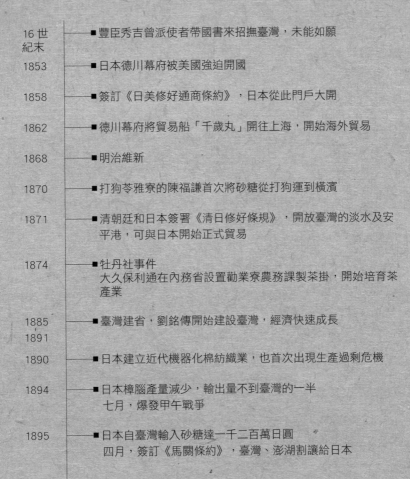

5

日本為何能拿下臺灣？

你以為：是清朝廷的腐敗導致臺灣被割讓

事實是：美國人一路推動，暗助日本取得臺灣

早在十六世紀末期，中國還將日本視為低等的「倭寇」（圖1）時，豐臣秀吉統一日本後即宣稱要建立包括朝鮮、中國、印度在內的亞洲大帝國。日本明治維新後，更打算侵略琉球、朝鮮、臺灣、中國，以便稱霸東亞，乃至全世界。而日本從十九世紀起處心積慮要得到臺灣的過程中，美國其實一路扮演著「促成」的角色。

日本人的第一步就是和清朝廷簽立平等條約。原先清朝廷並不允許和日本立約，後來因日本已和西洋各國立約，李鴻章認為和日本立約可以約束日本不侵犯中國屬邦，又可防止日本與西洋勾結。於是一八七一年簽訂《清日修好條規》，約訂「清、日兩國要相互關切，

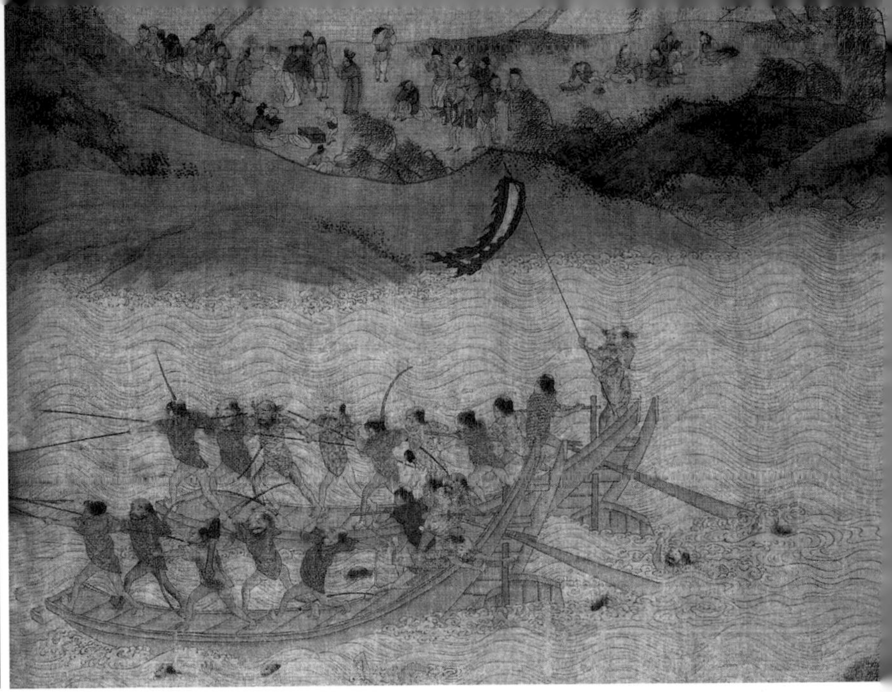

圖1　倭寇（中研院翁佳音教授提供）

若他國有不利於清、日之舉，彼此相助或從中調解」等。當時歐洲各國認為這一條約意圖對抗歐美侵略亞洲，美國當然更加關切。

美國政府民間自「黑船事件」[1]後，就認為日本是亞洲的模範生，可以成為西方國家的夥伴。此時，美國駐日公使德隆給國務院的報告中提到：必須防止日本走回閉關的鎖國政策，並與中國、朝鮮結合，使東方問題更難處理。

《清日修好條規》訂定的隔年底，美國駐廈門領事李仙得因為美國政府不重視與支持他的臺灣政策，憤而離開廈門，回美途中經過日本橫濱，遇到日本想以琉球難民被害事件為藉口進犯臺灣。

當時日本外務卿副島種臣知道美國海軍曾經與臺灣原住民作戰，向德隆查詢並商借美國海軍的臺灣內山及港灣地圖。李仙得帶著整套臺灣地圖、照片及相關資料，表示願意協助日本，德隆將李仙得介紹給副島種臣，雙方幾度相談之後，德隆與李仙得都力勸日本攻占臺灣。

李仙得認為清朝廷無法控制臺灣，各國早已虎視眈眈，日本當然也有權占領或以武力保護。李仙得應邀擔任日本外務省外籍顧問後，更致力將所主張的侵臺策略轉由日本來進行，於是促成兩年後的「牡丹社事件」。日本雖未能藉此達到占領臺灣的目的，朝野卻動了另待時機占領臺灣的野心[2]。

牡丹社事件發生四年後，李仙得在日本寫成《進步的日本》，同時在紐約及橫濱出版，公開為日本宣傳。自序中承認寫書的動機，一部分是為美國的利益著想。因為日本維新以後，全盤接受歐美文化，在地理上，日本是較鄰近美國的東方國家，兩國應建立密切的關係，共存共榮，互惠互利。

李仙得在書中極力為日本的侵略政策辯護，認為日本要強大，必須攻取朝鮮、征服臺灣，並指出中國政府無力統治臺灣，不如由日本保護臺灣，或併入日本的疆域。這些言論對美國人產生極大的影響與作用。

美國對日本的支持先是表現在琉球問題的處理上。牡丹社事件前一年，日本想解決琉球的歸屬問題時，德隆即說服美國承認琉球是日本的一部分，而副島種臣也表示願意繼承

《美琉條約》[3]，讓美國可在琉球島上建立加煤站。既已獲得美國承認，副島種臣與清朝廷談判琉球歸屬問題[4]時已占了優勢。一八七九年四月四日，日本將琉球島轉化為「沖繩縣」。

對於朝鮮，日本在牡丹社事件後隔年，藉口軍艦「路過」朝鮮江華島時被朝鮮士兵砲擊，發生了連續三天雙方互打的「江華島事件」[5]之後，日本強迫朝鮮簽訂《江華條約》[6]，允許日本在釜山通商，派駐使臣，並承認朝鮮為獨立國家，以分離清朝廷與朝鮮的宗屬國關係，此後，日本在朝鮮的政治及經濟力量不斷增長，朝鮮的統治階層開始出現親日派的「開化黨」[7]。

一八八四年底，趁中法戰爭爆發，日本駐朝鮮公使密謀策動親日派開化黨人金玉均引日軍攻入王宮，挾持國王並組織親日政權。事變後，清兵應朝鮮請求，擊敗日軍和開化黨，救回朝鮮國王。當時日本的軍事力量還無法與清軍抗衡，決定暫時維持和局，因此隔年初派伊藤博文為全權大使，清朝廷代表李鴻章談判，雙方簽訂《天津條約》，約定清、日同時從朝鮮撤兵，將來朝鮮國若有變亂重大事件，清、日要派兵應先互相行文知照。

九年後的二月，朝鮮又發生東學黨之亂。六月一日，朝鮮向清朝廷求救，李鴻章決定出兵，按之前的約定知會日本，日本也派兵到朝鮮，但亂事平定後，日本卻不撤兵，目的是想讓朝鮮脫離清朝廷而獨立，日本即可占有朝鮮（圖2）。

七月九日，美國受朝鮮之託，請協助勸清、日兩方撤兵，當日本拒絕時，美國僅在形

圖2　朝鮮王宮（位於今韓國首爾）
（吳浩維先生提供）

式上表示遺憾，就不再過問了；另一方面，美國軍火商卻大賣彈藥武器給日本，七月二十五日，中日甲午戰爭正式爆發。

戰爭爆發之前，李鴻章曾寄望各國出面干涉，並沒有成功，各國認為日本未必能在戰爭中穩操勝算。戰爭剛開始，日本對海戰並沒有勝利的把握，臺灣、澎湖也並非日軍的目標，但清軍節節敗退，大大出乎各國的意料之外。

九月，美國駐華公使田貝（Charles Denby）經過天津拜訪李鴻章時，就責備清朝廷對於朝鮮事件的處理失當，向美國國務院報告時，他的立場顯然偏袒日本：日本人非常愛國，清朝廷則由官吏至民眾幾乎完全冷漠。

當時英國為了保護遠東市場及避免讓俄國單獨調停，分別徵詢美、俄、德、法等國公使，試圖以「清朝廷對日賠款」及「國際共同保證朝鮮獨立」兩個條件聯合調停，結束戰爭。但除了各國不支持英國的調停，李鴻章也認為賠兵費不如留下兵費以用兵，日本更因連戰皆捷，也不考慮和談。

不過英國出面聯合調停，卻使日本外相（外交部長）陸奧宗光因而想到該先設想戰爭的結果，以便應付各國的試探。陸奧宗光與內閣總理伊藤博文（圖3）協商出三個方案：

甲案——使清朝廷承認朝鮮獨立、割讓旅順港、大連灣給日本，以做為不干涉朝鮮內政之永久擔保，並償還日本軍費。

乙案——歐美各強國擔保朝鮮獨立、清朝廷割讓臺灣全島給日本。

丙案——日本提出停戰條件前須先探知清朝廷方面的想法。

伊藤博文本來最屬意甲案，後來條文經過三次修改，其中「臺灣割讓」原先只是作為代替賠款的要求，

圖3　位於日清講和紀念館旁的陸奧宗光（右）和伊藤博文雕像（左）

因當時日本軍艦尚未占領臺灣、澎湖沿海，因此日本並未十分堅持。

十月下旬，日軍登陸遼東半島，嚴重威脅北京。清朝廷大為焦慮，不得不公開以「承認朝鮮獨立」和「賠償軍費」兩條件請求各國調停。但先前曾出面調停的英國，態度已傾向日本；德國認為議和無濟於事；俄國也沒有任何舉動；只有美國表達願意出面勸日本停戰。

陸奧宗光認為既是美國出面斡旋，有利未來談判，於是希望清朝廷直接進行談判。李鴻章先是派擔任天津海關稅務司的德國人德璀琳（Gustay Detring），於十一月二十六日抵達神戶，希望探詢條約內容，但日本以德璀琳非清朝官員而拒絕，李鴻章只好請朝廷再派代表前往議和。

原先日本對海戰還沒有把握，並不考慮攻擊臺灣、澎湖；但平壤之役和黃海海戰獲勝後，對戰局非常樂觀，不想輕易接受調停。伊藤博文十二月四日向直屬於天皇的陸海軍最高司令部大本營提出：日本朝野都希望能以「割取臺灣、澎湖」為條約要件，但如無實際占領臺灣的行動，要求割讓似乎名不正、言不順，於是提出「直衝威海衛並掠奪臺灣」的緊急戰略，也就是，日本海軍覆滅山東威海衛的北洋艦隊後，即可南下攻占臺灣、澎湖，取得和清朝廷議和的籌碼。

隨著時序進入冬天，為避免影響日軍在北方的戰勢，減弱了對清朝的威脅。曾是牡丹社事件主謀之一、曾任「臺灣番地事務局」長官、此時擔任在野「改進黨」總裁的大隈重信，本來就對攻占臺灣興趣濃厚，他認為應以經略氣候溫暖的南方為上策，迅速動員軍隊占領臺灣，以利議和時要求割讓。

除了大隈重信和曾任帝國議會眾議院院長的島田三郎強烈要求割臺，另一在野「自由黨」也認為清朝廷必須割讓吉林、盛京（奉天）、黑龍江三省以及臺灣。

大藏大臣（主管日本財政、金融）松方正義更進一步請實際負責作戰的大本營參謀次長調師進攻臺、澎。大本營參謀軍機也提出類似的奏議，他們都主張利用北方冰天雪地不利於作戰之際，揮軍南下占領臺、澎，作為將來和談時的勒索憑藉。代表新興資本家意見的《東京經濟雜誌》原先覺得直隸（河北）比臺灣重要，此時則說日軍進攻臺灣正是時機。

最熱衷割臺的松方正義在馬關議和即將開始時，再度建議應該割取臺灣與澎湖，反對取遼東半島。另駐俄公使不想與俄國結怨，也反對割取遼東半島，贊成割取臺、澎。

軍系人士主張取遼東半島，以控制朝鮮的背後、扼住北京的咽喉。唯一反對者是陸軍第三師團長桂太郎（後來曾擔任第二任臺灣總督），他認為遼東半島歲收太少，割取之後花費太多，但臺灣將是日本向南洋伸張政治與商業勢力的根據地。

從戰爭發動至馬關談判期間，每次在明治天皇召開的御前會議上，曾在牡丹社事件[8]領導出兵臺灣的海軍大臣西鄉從道、海軍軍令部長樺山資紀都親自參與討論「臺灣割讓」議題。在這樣的氣氛下，原先「割讓臺灣」僅是擬定方案中的選擇條件，到最後，要求清朝廷割讓領土與賠款成為必要條件，且更明確表示要臺灣全島和澎湖群島永遠讓與日本。伊藤博文與陸奧宗光攜帶條約前往廣島大本營，並出席御前會議審議後，「割讓臺灣」從此定案。

當時戰局發展對清朝廷相當不利，清朝廷決定按照日本的要求，派張蔭桓（尚書銜總理衙門大臣戶部左侍郎）、邵友濂（兵部右侍郎署湖南巡撫）為全權代表，更因張蔭桓的建議，延聘曾任清朝駐美使館法律顧問的福士達（John W. Foster）為使團顧問[9]。

使團一行人於一月底抵達廣島，二月初與日本全權代表伊藤博文、陸奧宗光兩度會晤，但日方接待非常無禮，不准使用電報，最後更以張蔭桓、邵友濂的「全權委任狀不完善」為由，片面中斷交涉，同時要求他們立即離開廣島。

其早在代表團出使之前，美國駐華公使田貝就直言，邵友濂在臺灣巡撫任上曾懸賞日本人首級，恐怕日方難以接受，只是清朝廷沒有重視他的意見。這次談判破局可知田貝與日本人之間，應是事前溝通過的。福士達隨張蔭桓等人轉回上海，獲得相當美金二萬五千元的顧問費酬金。

由於伊藤博文曾向清朝代表團的隨員伍廷芳表示，日方認為適當的代表人選是恭親王奕訢或李鴻章，因為他們兩人都傾向和議，地位和聲望也足以擔當割地賠款的重任。陸奧宗光認為李鴻章為人豪爽，不像一般清朝人拘泥，且能權衡利害關係，知道如何取捨，是個理想的談判對手。

隨著威海衛、劉公島相繼陷落，清朝廷於二月十三日改命北洋大臣李鴻章為頭等全權大臣，前往日本商訂和約。出發前，李鴻章知道這次談判難免要賠款、割地，但直到二月二十二日，慈禧太后仍堅持不可割地。

田貝早就知道日本想要臺灣與遼東半島，當李鴻章拜會各國公使，商請各國出面制止日本割取清朝領土的野心，田貝也同時力勸各國公使不要過問此事。

當李鴻章與田貝談到全權大臣應否同意割地時，田貝明白表示：「日本已宣布除非被授權可以答應割地與賠款的全權大臣，其他人都不會受到日本接待；假如清朝堅持不割地，不必多此一行」。

談到李鴻章應採取的行動，他更說：「不需再向歐洲各國求助，只要專心向日本求情，並盡力避免割讓大陸土地，至於大陸以外的島嶼，應是無可避免」。

李鴻章只好在三月二日再次以「割地」為交戰時常有的事、只是暫時委屈等理由來請示。當時朝廷大臣害怕日本侵入北京，上奏慈禧太后：「以當前情勢來看，只能顧及北京，至於邊遠的土地就不用考慮太多」。

此時，清朝廷對於「割地」，特別是邊地（雖沒有明指臺灣）在不得已的情況下可割棄，應該有了共識。

三月四日，李鴻章被授予有權決定和約條款、享有署名畫押之全權，當天下午與田貝長談，密議割地的原則主要是「以散地易要地」，也就是，寧可割讓臺灣各島，盡力保全中國大陸地方。李鴻章對於田貝的各項建議只有點頭稱是，並花三萬美金，仍聘請福士達為顧問，隔天田貝即詳報美國國務院密談的內容。

三月七日，進攻臺灣的日本陸軍從廣島出發，十五日，日本艦隊駛離九州，向臺灣進軍。十九日，李鴻章與兒子李經方，以及隨員伍廷芳、福士達等人抵達馬關（今日本山口縣下關市下關港一帶），日本全權代表仍是伊藤博文和陸奧宗光，雙方在春帆樓（圖4、5、6、7、8）共舉行五次會議。

三月二十日進行第一次會議，主要是全權委任狀的確認及簡短問答，隔日進行第二次會談，開始停戰談判。

圖4　春帆樓原貌（攝於日本下關的日清講和紀念館）

圖5　春帆樓繪圖（攝於日本下關的日清講和紀念館）

圖6　春帆樓是賣河豚的餐廳

圖7　春帆樓今貌

圖8　春帆樓旁的日清講和紀念館

圖9　李鴻章住宿的引接寺
（攝於日本下關的日清講和紀念館）

二十四日進行第三次會議，伊藤表示日軍正準備進攻臺灣，明顯表露想獵取臺灣的野心。會議結束，李鴻章由春帆樓返回行館途中（圖9、10、11），遭日本人小山豐太郎開槍擊中左臉，血染官服，當場昏倒。殺手趁亂躲入路旁店鋪內，溜之大吉。隨行醫師馬上替李鴻章急救，所幸沒有擊中要害。

隔日，日軍攻陷澎湖島，雖不是臺灣本島，但已具有十足的威迫意味。二十八日，伊藤博文擔心國際輿論指責，同時唯恐李鴻章就此回國，以及清、日和談凍結，招致各國列強強行調解或干涉，於是告知李鴻章日方願意停戰，隨即進行談判。

三十日雙方簽訂停戰協議，規定自即日起停戰二十一天，但停戰範圍限於奉天、直隸、山東，臺、澎除外。清朝廷因李鴻章受傷，另「加派」李經方為全權代表參與談判。

四月一日，日方提出和約草案，正式向李鴻章揭開底牌：開列朝鮮自主、清朝割讓奉天南邊（即遼東半島）各地及臺灣、澎湖各島、賠償兵費銀三萬萬兩、重訂通商章程等款，限四日內答覆。

李鴻章立刻打電報回朝廷總理衙門請示，並聽從福士達的建議，請總理衙門將割地、賠款等項密告英、俄、法三國公使，但對通商要求則極力保密，以免各國認為有利可圖而紛紛提出要求。李鴻章在電文中提到盡力爭取者只有奉天南邊各地，臺灣、澎湖並非他認為「清朝廷萬不能讓」的地方，也與和局的成立與否無關。

雖然之前清朝廷對於割地（特

圖10　李鴻章路今貌（1）
（當年李鴻章遇刺之地，日人取名為李鴻章路）

圖11　李鴻章路今貌（2）

圖12　馬關條約談判現場
（攝於日本下關的日清講和紀念館）

圖13　日本畫家筆下的馬關談判
（攝於日本下關的日清講和紀念館）

別是割臺）有了初步共識，但李鴻章電報寄達總理衙門後，內部意見仍極不一致，不過光緒皇帝與朝廷大臣都傾向放棄臺灣。

由於李鴻章與總理衙門往返的電報密碼被日本電信課破譯[10]，陸奧宗光早已獲知李鴻章建請英、法、俄三國干涉奉天割讓一事，且臺灣、澎湖已非「清朝廷萬不能讓」之地，使李鴻章在後來的談判屈居劣勢。

李鴻章於四月五日答覆日方，除承認朝鮮自主，對於割地、賠款、通商等苛刻條件都加以辯駁，只是說帖中竟然不提臺灣、澎湖，無異於暗示日本，割讓已無問題。

等李鴻章創傷痊癒，四月十日舉行第四次會議，伊藤博文僅願意縮小遼東半島南部的割讓地，但仍要臺灣全島和澎湖。李鴻章為存留營口（位於遼東灣畔）與臺灣割讓兩點爭辯，但都被伊藤博文拒絕。

伊藤博文威脅：「等停戰期屆滿（四月二十日）就將出兵中國。」李鴻章只好請示北京可否簽署？朝廷請李鴻章「爭取看可否割一半臺灣（即近澎湖、臺南之地給日本，清朝廷保留臺北）」。李鴻章回說日本不可能答應。最後朝廷指示：日本已隨時準備談判破裂後派兵進攻直隸省，朝廷內無可戰之兵、外無列強之助，只好允許割讓臺灣。

十五日第五次會議（圖12、13），日方堅持原來的要求，李鴻章辯駁、爭求卻無效，日方甚至要脅：如清朝廷不答應就要增兵繼續攻占地方。福士達又向李鴻章提出警告：假如戰爭繼續下去，清朝勢必極端危險。李鴻章又電告北京，清朝廷為免和議決裂，終於在十七日依日方條件簽訂《馬關條約》，最後仍割讓遼東半島、臺灣全島、澎湖列島給日本，賠償軍費銀二萬萬兩。日本准清朝廷割讓地的人民在二年內遷居退出界外，二年後沒有遷徙，就視為日本臣民，並限兩個月內交接清楚。

電訊傳到北京，田貝得知割讓領土面積廣大，雖感驚訝，仍說日本攫取臺、澎列島早已是意料中事（圖14）。

圖14　置於春帆樓右側之紀念碑
該碑文中提到「今日國威之隆實濫觴于甲午之役」。

李鴻章從日本回到天津後，鑑於舉國一致反對和約，不敢進入北京覆命，一面藉詞傷病未痊癒，一面拜託福士達代為前往北京向軍機處申述《馬關條約》簽訂經過，並建議早日批准施行。

福士達四月底在總理衙門與軍機大臣會議，說明批准和約的必要。他指出《馬關條約》簽字前，條約內容已電告北京，皇帝根據軍機處意見才授權簽字，假如拒絕批准條約，在文明世界面前勢必失去體面，而皇帝的不體面應屬軍機大臣的責任。

李鴻章也電陳如不批准條約，清、日決裂勢必再起。清朝廷權衡局勢利害，兩天後終於批准《馬關條約》，並派伍廷芳等前往煙臺，與日方代表換約。

福士達完成說服的任務本打算回美國，但俄、法、德三國卻出面干涉，要求日本將遼東半島還給中國，李鴻章請福士達暫留一、兩個月，參謀配合三國干涉歸還遼東半島事宜，福士達認為自己的名譽、責任與《馬關條約》的成功不可分開，於是和伍廷芳等人到煙臺。五月八日，清、日雙方代表在煙臺互換批准的約本，《馬關條約》成為正式文件。

五月十三日，日本政府任命樺山資紀為日本特派大員，辦理臺、澎各島接收事宜，希望清朝廷立即派官員與樺山資紀會晤交割。

但清朝廷以舉國反對割臺，臺灣官民不肯交割，一再電令李鴻章另外籌商辦法，李鴻章又與福士達商量。福士達表示既然已互換和約，除了日本答應歸還遼東半島之事[11]，其餘都應照辦，且條約經皇帝批准，怎可任由官民作梗阻止而失去國體，清朝廷應立即派員商交臺灣。

李鴻章婉言電告伊藤博文說明臺灣各界反對割讓，建議將臺灣問題併入退還奉天南邊事項，由兩國全權大臣會商解決辦法，兩天以後，伊藤博文回覆拒絕會商，聲明樺山資紀即日啟程前往臺灣，要求清朝廷立即派大員依約交出臺灣。李鴻章於是電請清朝廷慎重決策，以免重啟戰端。

五月十八日，清朝廷派李經方到臺灣，與日本特派員商辦交接事宜。李鴻章認為這項

樺山總督
李經芳ト軍
艦ニ而臺湾
受渡ノ之圖
李經芳

圖15　臺灣割讓日本的最後手續

李經方至基隆港外三貂灣與樺山資紀會晤，當天在福士達力勸下，李經方終於在移交文書上簽字，完成交割臺、澎諸島手續。

（國立臺灣博物館提供）

圖16　美國記者禮密臣
禮密臣，又譯為戴維生、大衛孫、達飛聲等，美國記者、外交官和商人，一八九五年來臺採訪新聞，後成為第一任美國駐淡水代辦領事，著有《臺灣的過去與現在》。

任命使他們父子為難，但朝廷還是命李經方迅速前往臺灣，臺灣所有文武官員則一律遷回大陸，福士達於是隨李經方前往臺灣，待遇是三萬美金。

五月三十日，福士達與李經方從上海啟程前赴淡水。福士達知道李經方不願登陸臺灣，因而建議不用上岸勘察點交土地，只要按照西方國家讓渡產權慣例，簽訂交割文書交付給日方代表，就可完成手續。

六月二日，李經方至基隆港外三貂灣與樺山資紀會晤，當天在福士達力勸下，李經方終於在移交文書上簽字，完成交割臺、澎諸島手續（圖15），午夜過後立即開船回航。福士達任務完成直接取道日本回美國，以便接受日本朝野的致謝宴會。他的外交回憶錄中不諱言：日本人認為從《馬關條約》簽訂到條約履行，尤其是對於割讓臺灣一事，他是為日本的利益而工作。

另外，當時有位美國新聞記者禮密臣（圖16），名義上是來臺採訪戰事消息，卻趁夜潛到基隆日軍陣地報告臺北虛實，又引導日軍從山野僻徑順利進入臺北城。

日本人於六月十七日在臺北舉行「始政式」，全臺仍不斷有抗爭和反日活動，直到十月底攻破臺南府城後，才宣告全臺底定。同年十月到十一月間，日本卻在三國干涉下，經清朝廷付出三千萬兩贖金後，遼東半島歸還給清朝廷[12]。

李鴻章因簽訂《馬關條約》割讓臺灣而得「能臣誤國」的罵名，但馬關議和隔年，他訪美卻大受歡迎，是歷次清朝官員訪美層級最高的，紐約報紙（圖17、18）連篇報導中國事務。李鴻章應該做夢也沒想到，馬關割臺正是他「以夷制夷」政策——以最信賴的美國來制服日本，而成就的局面。從這個角度看，決定一八九五年臺灣命運的其實是遠在太平洋彼端的美國，而不是滿清或日本！

圖17　李鴻章訪美期間《紐約日報》所登之漫畫圖像
（引自 Library of Congress 館藏）

圖18　《紐約世界報》中的李鴻章

附註

1.關於「黑船事件」始末，可參見本書〈2.美國人的「臺灣夢」〉。

2.此處提及有關日本燃起對臺的野心，以及李仙得的角色，可參見《被混淆的臺灣史》〈4.近代日本何時開始覬覦臺灣？〉。

3.一八五四年簽訂，主要是擁有建立加煤站的權利，可參見本書〈2.美國人的「臺灣夢」〉。

4.一八七三年，副島種臣為處理宮古島民在臺灣遇害事件，擔任日方全權公使前往北京交涉，交換《清日修好條規》，並為同治帝的大婚奉上國書。當時琉球同時向清、日雙方朝貢，副島種臣力爭琉球為日本屬地，並質問清朝總理衙門為何不懲辦臺灣原住民，清朝官員回答：「原住民係化外之民，問罪與否，聽憑貴國辦理。」

5.日本稱「江華島事件」，韓國稱「雲揚號事件」，發生於一八七五年九月二十日。日本軍艦測量通往清國海路時，為測量海深和尋找水源，在朝鮮江華島一帶投錨，引起朝鮮士兵砲擊，日本認為此事朝鮮應負起責任，韓國則認為日本「歪曲雲揚號事件真相」。朝鮮歷史學學會在二〇一一年撰文指出：「雲揚號事件是一八七五年九月日本軍艦『雲揚號』航行途中在獲得飲用水的名義下，沒有任何通告、也沒有升起日本國旗，在朝鮮領海江華島草芝鎮前海非法侵犯，而朝鮮士兵自衛砲擊的事件。」韓國歷史學家李基白稱：「雲揚號事件是日本人蓄意導演的一幕鬧劇。」

6.《江華條約》又稱《江華島條約》、《日朝修好條規》、《日鮮修好條規》、《丙子修好條約》。

7.十九世紀中後期，世界資本主義大潮衝擊東亞。清朝開始洋務運動，日本出現明治維新，但朝鮮依然閉關鎖國，朝鮮的一些青年人（金玉均等）受明治維新影響，打算藉助日本力量進行政變，推翻朝鮮守舊勢力，進行資本主義改革，使朝鮮獨立，走上資本主義強國之路。

8.請參見《被混淆的臺灣史》〈3.近代日本何時開始覬覦臺灣？〉。

9.福士達曾任清朝駐美使館法律顧問，與曾任美國大使的張蔭桓為舊識，也曾至中國遊歷，與總理衙門大臣多有認識。福士達對於日本進行廢除各國治外法權一事也有出力，與日本外相陸奧宗光關係尤為密切。

10. 按學者陳鵬仁研究，當時清朝密碼用一、二、三、四、五……的數字，非常簡單，因此早在甲午戰爭之前，已被當時的外務省電信課長佐藤愛麿所破解。一八九四年六月二十二日，外相陸奧宗光致清朝駐日公使汪鳳藻一長函，汪於二十三日打長電報給總理衙門，佐藤以汪之電文與陸奧的信函對照，解開了清朝的電報密碼。

11. 日本在外交壓力之下，加上簽署條約的伊藤博文是主和派，因而在五月五日宣布放棄對遼東半島的永久占領。

12. 十月十九日，日本與三國達成協議：日本歸還遼東半島予清朝廷，而清朝廷要付出三千萬兩白銀作為賠償。十一月八日，清、日雙方簽訂《遼南條約》（《清日交還奉天省南邊地方條約》），清朝廷贖回了遼東半島。

1853	■美國東印度艦隊司令培里率「黑船」強迫日本開港
1854	■美、日簽訂《神奈川條約》
1868	■日本明治維新
1871	■清朝廷與日本簽訂《清日修好條規》。美國駐日公使認為應設法讓日本疏遠清朝廷與朝鮮，並成為西方國家的同盟國
1872	■李仙得回美途中經過日本，建議日本攻占臺灣
1875	■日本在朝鮮製造「江華島事件」
1876	■二月二十六日，日本強制朝鮮簽訂《江華條約》
1878	■李仙得在日本寫成《進步的日本》，公開為日本宣傳，並指出美國應和日本建立密切關係
1879	■日本將琉球島轉化為「沖繩縣」，之前美國曾向日本表達，承認琉球是日本的一部分
1884	■十二月四日，朝鮮發生「甲申政變」
1885	■四月十八日，李鴻章在天津與伊藤博文簽訂《會議專條》（《天津條約》）
1894	■二月十五日，朝鮮發生東學黨之亂
	■七月二十五日，甲午戰爭正式爆發，開戰前美國軍火商大賣彈藥武器給日本
	■九月，美國駐華公使田貝向美國國務院報告朝鮮問題時，立場偏袒日本人
	■十月六日，英外相金伯利（Kimberly Lord）出面調停失敗
	■十一月六日，美國表示願意調停

大事記

■十一月二十六日，李鴻章派德國人德璀琳赴日探詢條款內容，被拒

■十二月四日，伊藤博文向大本營提出「直衝威海衛並掠奪臺灣」的緊急戰略

1895 ■一月二十七日，日本御前會議審議後，割讓臺灣定案

■二月初，清朝廷命張蔭桓、邵友濂為全權代表，美國人福士達為使團顧問至日本，但談判破局

■二月十三日，李鴻章被命為頭等全權大臣，與日本議和。李鴻章商請各國制止日本割取清朝領土的野心時，田貝卻力勸各國公使不要過問此事

■三月十九日，李鴻章一行包括其子李經方，伍廷芳、福士達等抵達日本馬關

■三月二十日，雙方在春帆樓進行第一次會議

■三月二十一日，進行第二次會談

■三月二十四日，進行第三次會議。會議結束後，李鴻章返回行館途中，遭人開槍擊中左臉

■三月二十五日，日軍攻陷澎湖島

■三月三十日，簽訂停戰協議

■四月一日，日方提出和約草案，開列朝鮮自主、清朝割讓奉天南邊各地及臺灣、澎湖各島及賠款、重訂通商章程等，限四日內答覆

■四月十日，第四次會議

■四月十五日，第五次會議

■四月十七日，《馬關條約》簽訂

■四月三十日，福士達在總理衙門與軍機大臣會議，説明批准和約的必要

■五月二日，光緒皇帝批准《馬關條約》

■五月八日，清、日雙方代表在煙臺互換批准的約本，《馬關條約》成為正式文件

■五月十三日，日本任命樺山資紀為特派大員，接收臺、澎各島，臺灣官民不肯交割，福士達建議清朝應立即派員將臺灣交給日本

■六月二日，李經方至三貂灣與樺山資紀會晤，簽字交割臺灣。美國新聞記者禮密臣引導日軍從山野僻徑順利進入臺北城

1896 ■李鴻章訪美，大受美國人歡迎

6

趕鴨子上架的「民主」總統

你以為：臺灣直到二十世紀，才首次出現民主共和體制

事實是：一八九五年臺灣割讓給日本時，就成立了「臺灣民主國」以爭取自主

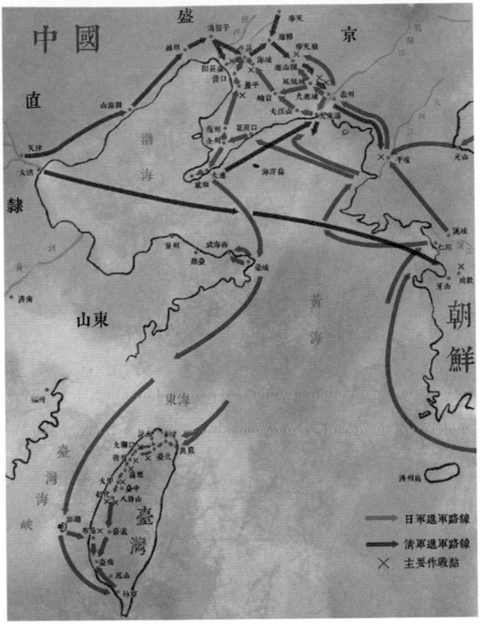

圖1　甲午戰爭圖

一八九五年四月，臺灣因《馬關條約》簽訂而被割讓給日本。當時這個消息對臺灣人如同晴天霹靂，激憤之餘，不斷向清朝廷提出抗議。部分官員則到處求情，卻無任一國家伸出援手。只好自力救濟，於五月底成立「臺灣民主國」[1]，企圖改變這個已被決定的命運。

甲午戰爭於一八九四年七月爆發時，戰場雖然都在北方（圖1），但清朝廷鑑於日本人向

來就對臺灣有所企圖，命令福建水師提督楊岐珍和曾領導黑旗軍的南澳總兵劉永福[2]率兵到臺灣協助防務。當時臺灣巡撫邵友濂為加強防務，再增募兵力[3]。更調派臺灣霧峰仕紳林朝棟（圖2）[4]負責守獅球嶺砲臺（圖3、4），板橋仕紳林維源[5]則專辦臺灣團練防衛事務。

林維源委託邱逢甲（圖5、6）[6]辦理地方義勇事宜。邱逢甲預感甲午戰爭可能會對臺灣不利，四處奔走號召鄉里，他說：「臺灣孤懸海外，一旦發生不測，朝廷不可能顧到臺灣。我們唯有自己守自己的家，否則一旦禍患臨到，不僅祖先埋骨之地蒙難，我們也都將失去家園。」他吸引許多熱血

圖2　出身霧峰林家的林朝棟為棟軍首領

圖3　北部要塞—獅球嶺砲臺今貌

圖4　從獅球嶺俯瞰的基隆（今貌）

圖5　客家義軍領袖邱逢甲

圖6　邱逢甲進士碑旗桿座—此碑文寫的是「邱」逢甲（攝於豐原邱逢甲紀念公園）

青年經過編練，守備在彰化、新竹之間。

十月，邵友濂怕戰事波及臺灣，設法請調湖南巡撫，由原任布政使唐景崧（圖7）暫代臺灣巡撫職務[7]。

西方學者藍厚理（Harry J. Lamley）指出：唐景崧是具有雄心的官吏，在臺灣事務上扮演主導者。他從不和楊岐珍、劉永福商量相關事務，駐守在南部的劉永福特別到臺北拜訪唐景崧，希望接手處理軍務，

圖7　臺灣民主國總統唐景崧

圖8　黑旗軍領袖劉永福
（楊孟哲教授提供）

圖9　張之洞是臺灣民主國成立的背後支持者
（攝於安徽合肥李鴻章故居）

唐景崧反而更堅持把劉永福（圖8）留在臺南，就是要與劉永福劃地分防[8]。

雖然邱逢甲和當時的南洋大臣張之洞（圖9）都勸唐景崧，必須有劉永福協助，才能守住臺北，但唐景崧不為所動。他也刻意壓制林維源和林朝棟，林維源負責的團練事務改由他的門生、有良好交誼的邱逢甲接辦，並改稱為「義軍」[9]；林朝棟原本駐守基隆後路的戰略要地獅球嶺，轉調中路、防守彰化[10]。

唐景崧並與張之洞及部分華南督撫取得密切聯繫，派遣部屬前往廣東等地招募士兵和購買武器。也試圖向臺灣仕紳募款以籌措資金，但成效不佳。根據淡水海關職員馬士（Hosea Ballou Morse，美國人，是臺灣巡撫與英國領事間的中介者）的報告[11]，一八九五年二月間，他曾建議唐景崧買銀行匯票，並儘速從上海匯款到臺灣[12]，但後來和匯豐銀行磋商太慢，銀行因需承擔戰爭風險而拒絕付款。

三月二十三日，日軍登陸澎湖。三天後，占領全島。消息傳到臺灣，有人謠傳在臺官吏將逃離，唐景崧隨即張貼布告否認，才沒有引起恐慌。情況緊急之際，又聽到日本將集中兵力進犯臺灣，要各地嚴加防範，考量到臺北後方的兵力布置空虛，緊急調邱逢甲率領義軍北上駐防今桃園南坎至苗栗後龍一帶。

但因邱逢甲是具有領導實力的本土客家仕紳[13]，唐景崧恐怕難以掌控他，邱逢甲的要求多不配合。邱逢甲要武器，運來的是生鏽或斷頭、無法使用的四尊舊砲；邱逢甲想推薦並付薪水給支援義軍的人，唐景崧都不同意，引起邱逢甲抱怨。

三月底，清、日簽訂的「停戰協議」中，臺灣不在停戰範圍，臺灣住民感到震驚，邱逢甲已認為臺灣可能被李鴻章出賣。但清朝廷仍對臺灣隱瞞事態嚴重性，四月二日，軍機處發出訓令表達對臺灣的關懷，並要唐景崧「激勵將士，開導紳民，敵愾同仇，力圖捍禦」。

唐景崧本來樂觀地認為日軍若想進攻臺灣中部，以臺灣守備的兵力，可南北夾擊。再則，北部防備[14]鞏固，南部在四月下旬開始有風浪無法下錨停泊，而他購買的武器及在廣東招募的士兵，若能在四月下旬抵達臺灣，甚至可能一舉奪回澎湖。

但在臺灣的洋行頻頻傳出日本將要求割讓臺灣的消息，驚愕不已的唐景崧向朝廷詢問真相，朝廷避而不答。四月十七日，透過張之洞的通風報信，唐景崧才得知將簽訂的條約中有割讓臺灣條款[15]。

邱逢甲聽到消息非常生氣，當即刺破手指，用血寫出「拒倭守土」以示抗日保臺的決心，隔日，他率領紳民拜訪唐景崧，上書清朝廷請願，強調「願與撫臣（唐景崧）誓死守禦，如果戰而不勝，就等我們都死了再談割地，如果日本來收臺灣，臺灣人民一定會開戰」。

四月十九日，總理衙門的電報傳來割讓消息，不僅沒有撫慰臺灣人民，還提到「交割時須極力保護（領土接受委員），百姓切勿滋生事端」，臺灣毫無理由被割讓給日本，民眾情緒非常激動。

當天，以邱逢甲為首的進士、舉人以及艋舺富豪、中南部仕紳共二百餘人在艋舺集會，主張清朝廷既然拋棄臺灣，以後要對誰忠誠，應該由臺灣人自己決定。會中同時呼籲將唐景崧留在臺灣，認為靠他與清朝廷的關係才能得到資源與協助。

唐景崧的處境尷尬又為難，他只是來臺灣當官，無法體會故鄉被割讓的痛苦與屈辱感。《馬關條約》簽訂，他就想返回大陸了，卻有個走不了的大麻煩。

因為他自廣東沿海各省所招募來的士兵，素質不佳，甚至有海盜。如果臺灣確定割讓，必須停止戰鬥，這些士兵將被遺棄或失業，勢必立刻生變，唐景崧若想離開臺灣，可能會被騷動的軍民所殺；若要令這些士兵回大陸，就得給補償金，但臺灣巡撫衙門沒有充足財源；若留下來抵抗日本，又怕小命被日軍了結。左右為難之際，唐景崧只能倚仗張之洞的忠告。

按學者吳密察的研究，張之洞早在一八九四年十一月間，聽到日本要臺灣時，就向李鴻章強調絕對不能放棄臺灣，還提出「給予各國利權，結援列強來抵拒日本」的建議。

到了一八九五年二月，清朝廷派李鴻章赴日談判時，張之洞於二月二十七日致電指示唐景崧，要他奏請朝廷絕對不可輕易放棄臺灣。隔日則致電北京總理衙門和在天津的李鴻章，強調臺灣地位的重要性，並提出「遠交近攻」的「權宜救急」之法。

也就是將臺灣作為向外國借款的抵押，用臺灣所負的國際債務責任，誘使債權國抵拒日本的要求，再是將臺灣的開礦利益許諾給外國，外國自然不願將臺灣交給日本。那時臺灣的金融、貿易、航運、採礦等，幾乎都由英國獨占，張之洞因而提議將臺灣質押給英國，以杜絕日本的要求。

三月七日，朝廷詢問張之洞：「有無確實辦法？」張之洞分別請駐英公使與駐俄公使各與英、俄國商議。駐俄公使回覆：俄國無意「以兵相脅」；駐英公使則回電：英國政府不願插手，但表示「如各英商公司肯辦，英政府不會阻止」。張之洞隨後要駐英公使探詢英商的態度，卻得不到確切的回應。

馬關條約簽訂後三天（四月二十日），臺灣仕紳們拜訪唐景崧，希望他出面斡旋，以提供煤礦、金礦、茶葉、樟腦、硫磺等稅收做為補償，懇求英國代理領事霍布金斯（L. C. Hopkins，漢名金璋）向英國請求託管保護。另外，唐景崧還是想方設法要離開臺灣，想委託在臺英商賣掉他所有的不動產，並請求將六十萬美金運往大陸[16]。

這兩項請求都被英國拒絕。同一天，反對割讓臺灣的仕紳住民打響銅鑼，呼籲大眾罷市，抗議被割讓，接下來的一段時期，全臺灣人民情緒都非常激動。

當時在巴黎與法國交涉的欽差大臣王之春，傳給唐景崧和張之洞關於普、法戰爭談和的例子：當普魯士要求法國割讓阿爾薩斯和洛林二省，法國認為兩省住民不願歸屬普魯士，普魯士根本無法辯駁。

於是唐景崧分別去電張之洞和總理衙門，提到「臺民不服，其約《馬關條約》可廢」的突破性意見。同時，張之洞發給總理衙門與回覆唐景崧的電文，也進一步提出可用「百姓不願遵從抵拒日本」，還說「清朝廷應聽任臺灣住民的意願」。

另外，唐景崧又接到張之洞轉來總理衙門官員[17]的來信：臺灣若能自保，就不會牽累到清朝廷，若能得到英國庇護，自立以保民，聘請英國將領、商請英國船協助防守等，這些話似乎都鼓勵臺灣自立。

四月二十一日，仕紳們再度拜訪唐景崧並威脅：禁止所有官員及眷屬離開，也禁止將公款、武器及財產帶出臺灣。唯一例外是允許唐景崧八十歲高齡的母親內渡回大陸，唐母當日匆匆離開臺北城，但行李隔日要運出巡撫衙門時，卻遭士兵與住民襲擊行搶，造成數十人傷亡；再隔日，唐景崧再度央求英代理領事協助運出他的私人財產，並變賣政府不動產，但英國不願冒險。

按馬士的觀察報告：臺灣各地秩序相當混亂，官員不敢到各地收稅，商人趁機想逃稅。地方杯葛繳納釐金（交易稅），北部地區釐金局與一般稅局都被攻擊恐嚇。

馬士的報告提到外商的狀況：除了淡水河上游發生動亂，淡水地區相當安全，大稻埕有兩個外商剛收到政府部門給付的五十萬美金貿易鉅款，無法匯出或運走，可能使他們成為覬覦的對象。因外國人容易成為被攻擊的目標，各國開始展開護僑行動，外國人居住的大稻埕基本上無事，但英國砲艇、德國砲艇四月中駛入淡水港，美國砲艇也曾到達淡水，德、英各自留下二、三十名士兵，四月底英國也派一艘砲艇進駐打狗。

為處理社會混亂的狀態，唐景崧在四月二十五日召開會議，希望建立「臺灣動亂都來自對割讓的不滿」的認知，以尋求各國協助。他在會中向在臺清朝官員，英、美、德領事及馬士等表明：如果履行割據條約，軍民將在日本到達前反抗，包括他在內的清朝官員都可能被攻擊殺害，屆時也無力保護外國人的生命安全。

但他同時公布一個來自北京中央官員（應是張之洞）的「好消息」：外國可能進行干預（即擴大「俄、德、法三國將干涉還遼」[18]行動），阻止條約通過與割讓臺灣。因此，四月二十三日起，俄、德、法干涉談判，至《馬關條約》批准互換的五月八日這半個月，就成了臺灣官民最後的期待。

四月二十五日，唐景崧建議清朝廷將臺灣做為各國租界，授予採礦權，張之洞也向總理衙門做同樣的提議。二十七日更希望總理衙門能夠密令王之春在法國就近與該國外交部交涉，請法國力阻日本割臺、遼兩地，承諾給予豐厚贈禮。

接著，臺灣仕紳也認為應以突破性的行動，要求清朝廷利用列強干涉來刪除割讓領土的條款。邱逢甲等人在四月二十八日要求唐景崧代奏血書，字裡行間流露出被不平等對待的憤恨：「萬民誓死不從倭，割也死、拒也死，寧先死於亂民手，不願死於倭人手」。

臺灣仕紳在血書中提出，依《公法會通》第二百八十六章，領土割據須經住民同意，反對割讓臺灣[19]。

清朝廷內部的主戰論者、地方督撫及知識分子等紛紛上奏倡導條約作廢，為參加會試而聚集北京的部分臺灣出身的舉人，也向清朝廷陳訴割讓臺灣的不是。

面對臺灣仕紳的「住民自主」（自治）[20]主張，唐景崧二十九日發電報給張之洞說：他必然會被強留下來，若是臺灣自治，就可請求各國保護。張之洞回覆：若是臺灣自治，臺灣抗日就與清朝廷無關，清朝廷不能支援，所以應視時機決定自治，並建議若清朝廷最後拋棄臺灣，應讓臺灣住民請求英國保護，如英國拒絕，則請求法國保護。

臺灣人民幾次電奏都無效，於是擬定以自主的型態來請各國保護。這時所謂的「自主」，按李瑋裕的研究，可說是與清朝廷假意脫離關係，成為自立的一國，以方便爭取外援。張之洞要唐景崧慫恿臺灣人自行懇求列強保護，也就是默許臺灣正在進行的「臺民自主」。

為何請法國保護？學者黃秀政指出中法戰爭之後，法國即對臺灣抱有特別的野心，法國報紙曾一再透露干涉日本占領臺灣之意。張之洞、唐景崧於是電請正在巴黎的王之春與法國外交部商議保臺，王之春五月二日電覆張之洞：法國外交部表示友好，即日調派軍艦開赴基隆、淡水。並請西班牙發電報給日本說，即使批准和約，亦不予以承認。

但是五月二日，光緒皇帝還是批准了《馬關條約》，臺灣仕紳上血書懇求清朝廷收回割臺成命的努力，宣告失敗了。

面對這樣的結果，唐景崧除政權照常運作，還呼籲臺灣民眾應團結以維護秩序。並於五月四日致電張之洞：雖然《馬關條約》已批准，只要法國肯出兵艦來臺，臺灣即可固守。希望張之洞與法國商談，願讓法國在臺灣建立基地。隔日，軍機處轉來駐巴黎公使的消息：「以保護臺灣為目的的法國艦隊即將訪臺」，並收到張之洞「法確允保臺」，以及「日本通知列強要歸還遼東」[21]等訊息。

不過隨後法國態度又改變，表示清日和約已批准，情勢已定，無法改變。唐景崧仍抱著希望打電報給總理衙門，請求法國迅速派兵艦前來，他相信只要法國派艦隊來保護臺灣，就能阻止日本占領。

五月六日，唐景崧仍向臺灣人民發布聲明，表示俄、德、法已經出面干預日本行動，且宣布清朝廷詔書，希望人民只讓對臺灣友善的外強軍隊登陸。

但到五月八日，清、日雙方在煙臺完成換約，《馬關條約》正式生效；五月九日馬士與唐景崧見面時，唐景崧仍相信法國會出面干預。馬士提出忠告：假如沒有足夠的海軍軍力，法國的行動會引起不良後果，而暴動甚至將波及唐景崧。

唐景崧另有如意盤算，他問馬士：「如果宣布臺灣自治，會不會招來日本的譴責？」馬士反對：「如果採『民國』（民主共和制）[22]，與清朝廷無關，皇帝就不會被譴責。但責任還是在你（唐景崧），因此必須加以防止。」

馬士暗示唐景崧：如果不抗日，臺灣發生暴動時，英、德兩國領事館會窩藏他，他的安全還是可以確保，勸他不可斷然決定自治。但馬士說的話中，唐景崧最聽進去的卻是「採民主共和制」。

直到五月十日，唐景崧殷切期盼的法國艦隊遲遲未出現。隔天，曾是清駐巴黎公使館員、精通法語和國際法的陳季同（圖10）應唐景崧之邀來到臺灣，要與法國進行交涉，但同一天，法國駐清公使表明：《馬關條約》已正式換約，法國不便再出面干預了。

法國援助無望，五月十二日，唐景崧請總理衙門尋求德國援助，也遭德國拒絕。唐景崧又請求向俄國求援，俄國的利益在大陸東北，也不願插手保臺。

這一連串救臺的各種對外交涉，按學者吳密察的研究，背後仍有清朝廷及總理衙門的默許或暗示。但是，清朝廷既然已與日本簽訂條約，也就不便公開反悔合約中的承諾，所

圖10　陳季同曾是清朝駐巴黎公使館員、精通法語和國際法，應唐景崧之邀來到臺灣

以利用主戰派的張之洞奔走、求取外援。

而為了不讓日本有再度動兵的藉口，就希望能以臺灣人民的名義進行，以表示與清朝廷無關。但是，臺灣求取外援的行動中，必須不妨害清朝廷與日本的和局，無意中容許了臺灣可以自作主張，這是清朝廷所難以忍受的，因著局勢的發展，臺灣人民有可能做出更積極的行動。

五月十日到十七日之中，唐景崧先前從廣東所招募的二千多名士兵以及購買的三百萬份火藥從廣東抵達臺北，另外三百萬份火藥被運往臺南。

五月十五日，邱逢甲等臺灣仕紳與唐景崧密談，說明計畫，並要求提供武器與資金。會議後，眾人要求唐景崧發布聲明譴責日本侵略的行動，並宣稱他們將抵抗日本人登陸。

同時要求唐景崧拍電報給張之洞，代轉〈臺民布告〉給朝廷：「無人肯援，臺民唯有自主。」

「願人人戰死而失臺，絕不願拱手而讓臺」。布告中也呼籲各國：若承認臺灣自立且共同援助防衛臺灣，則租借所有金礦、煤礦、能耕作的田地與能建築的土地。

隨即又發電報給總理衙門、北洋大臣、南洋大臣、閩浙總督、福建藩臺（即布政使，管理民政與財政）及全臺官員，表明因為臺灣已為「朝廷棄地，百姓無依，唯有死守」，因而決定要「自立建國」。

一連串的立國宣告後，五月十六日，仕紳們請求唐景崧暫理臺灣政事，沒料到唐景崧卻拒絕。學者藍厚理、黃昭堂認為邱逢甲是當時臺灣中部最有權勢的人物，甚至被當成「王」。如果唐景崧一切依邱逢甲的要求行事，就不是「留下來」擔任領導者，而只是被「扣留」的人質，他不但失去「巡撫」的權威，也無法成為臺灣島上獨尊的抗日領袖。

矛盾的是，唐景崧隔日又發電報給張之洞，報告臺灣將要採「民主」形式自立建國。且說他已被仕紳們推舉為領導人，雖曾「堅辭」卻沒有獲准，但他又擔心朝廷怪罪，於是要張之洞幫忙婉轉報告說：改立名目建立民主國，是為了不讓日本有藉口來纏擾清朝廷。但又怕「民主」這個字眼對清朝廷「事太奇創」，希望朝廷給個「名目」，好有所依據。他並強調臺灣的「自立建國」是救急之策。藍厚理認為唐景崧想藉民主為手段，變成臺灣真正的領導人，以擴增個人權力和影響力。

五月十九日，唐景崧已放棄等候的法國軍艦竟意外來到，雖然不是艦隊，只是一艘巡洋艦，但對急需外國勢力協助的臺灣而言，是大好消息。

清朝廷五月十五日接到臺灣自立建國的訊息後，隔日召開御前會議，毫無結論。十七日唐景崧電告張之洞表明臺灣將建立民主國時，李鴻章曾建議日本返還臺灣，但日本不同意。李鴻章恐影響日本返還遼東半島，請朝廷慎重決策，於是五月十八日，清朝廷要李經方赴臺灣，依約將臺灣交給日本[23]。

十九日，前德國駐清公使巴蘭德（Brandt）致電李鴻章，表示「德國方面都認為是李鴻章在指使臺民反抗日本，明顯違約，日本必再次發動戰爭」。李鴻章接到電報後，馬上向總理衙門反應，並駁斥他暗中指使臺灣抵制日本的傳聞，說是張之洞及唐景崧所為。德國外交部也直接致電總理衙門，指責清朝廷不該暗令臺灣反抗，而且警告如再開戰，清朝廷應當賠償更多。

清朝廷接到來自國外的警告後，更無意放任臺灣的反抗愈演愈烈，五月十九日向外界宣稱「清朝廷並無不願交割臺灣之意」，並再度催促李經方迅速赴臺，更要李鴻章將臺灣狀況照會日本。

清朝廷同時在五月二十日發給唐景崧「免除署巡撫職務，且須立刻離臺赴京」的「解職令」，以及在臺大小文武各官內渡令[24]，大半官員在接到「內渡令」後，都相繼回大陸[25]了。

清朝廷此一連串動作，學者吳密察認為可能是真不願意唐景崧「以一隅誤大局」，或許也要向各國表明清朝廷與臺灣自立無關。此後清朝廷對於臺灣的抗日，已難有名義上和實質上的任何援助。

但地方的努力仍然不斷，五月二十一日，福建將軍慶裕與邊寶泉請總理衙門援公法「民情不願，定約可廢」，請「各國公議廢約」。同一天，張之洞指示唐景崧可以要求朝廷向日本贖回臺灣，但需要臺灣紳民願意負擔部分贖費，唐景崧隔天即向朝廷表示臺灣願意負擔贖回臺灣的一切費用。

陳季同也在五月二十一日前往拜訪法艦軍官（或說法國軍官拜訪唐景崧），隨後唐景崧宣稱法國軍官說臺灣若自立建國，則法國可派全權大臣與臺灣訂約[26]；另外，唐景崧又說他當天收到一份總理衙門的電報，敦促唐景崧儘速進行臺灣自立行動[27]。

因此，當天陳季同及邱逢甲等人再度懇請唐景崧為臺灣領導人時[28]，他就順勢接受了。兩天後，唐景崧發表「臺灣民主國」建國宣言[29]：一、建國為抵禦日本侵略；二、列強不肯援助只好自主；三、臺民願為護臺而戰；四、臺民決議建立「民主國」，推舉唐景崧為「總統」。這等於向全臺布告：《馬關條約》無效，呼籲全民捍衛臺灣。

臺灣雖在局勢逼迫和張之洞的支持下成立了新政府。吳密察指出張之洞對於新政府「另立名目」的作為卻頗有顧忌。早在接到唐景崧的報告後，張之洞於兩天後回電質問唐景崧，要立什麼名目？是否稱總統？唐景崧回電：仿照西洋制的「總統」。

張之洞反對，二十四日他發給唐景崧的電報提到：不可稱「民主」、「自立」，且外國的「總統」甚大，並不適宜，可改稱「總管」或「總辦」。但電報發出為時已晚，五月二十五日臺灣已實施總統制，以邱逢甲為首的臺灣紳民繞行艋舺（圖11、12），接著到「籌防局」（圖13、14），再到總統府（原巡撫衙門）[30]向唐景崧兩跪六叩，呈奉國旗及臺灣民主國寶印（圖15），唐景崧穿著朝服，望向北京九叩首，接任總統後竟大哭，應是身為清朝官員，表示自己的「不得已」吧！

唐景崧宣布臺灣民主國是「自立」體制，年號「永清」，即「永戴聖清」，就是沒有自清朝廷脫離「獨立」的意

圖11　艋舺剝皮寮

當天遊行隊伍從營盤頂（今龍山國小）經過剝皮寮（康定路一七三巷）、龍山寺、新店頭、舊街（西園路一段）、直街仔、草店尾、祖師廟、新起街，過了河溝由西門到撫臺街。進行行列依次是藍地黃虎旗、旗牌執事、四腳亭（放置總統印）、大鑼、地方代表、進士、舉人、仕紳。

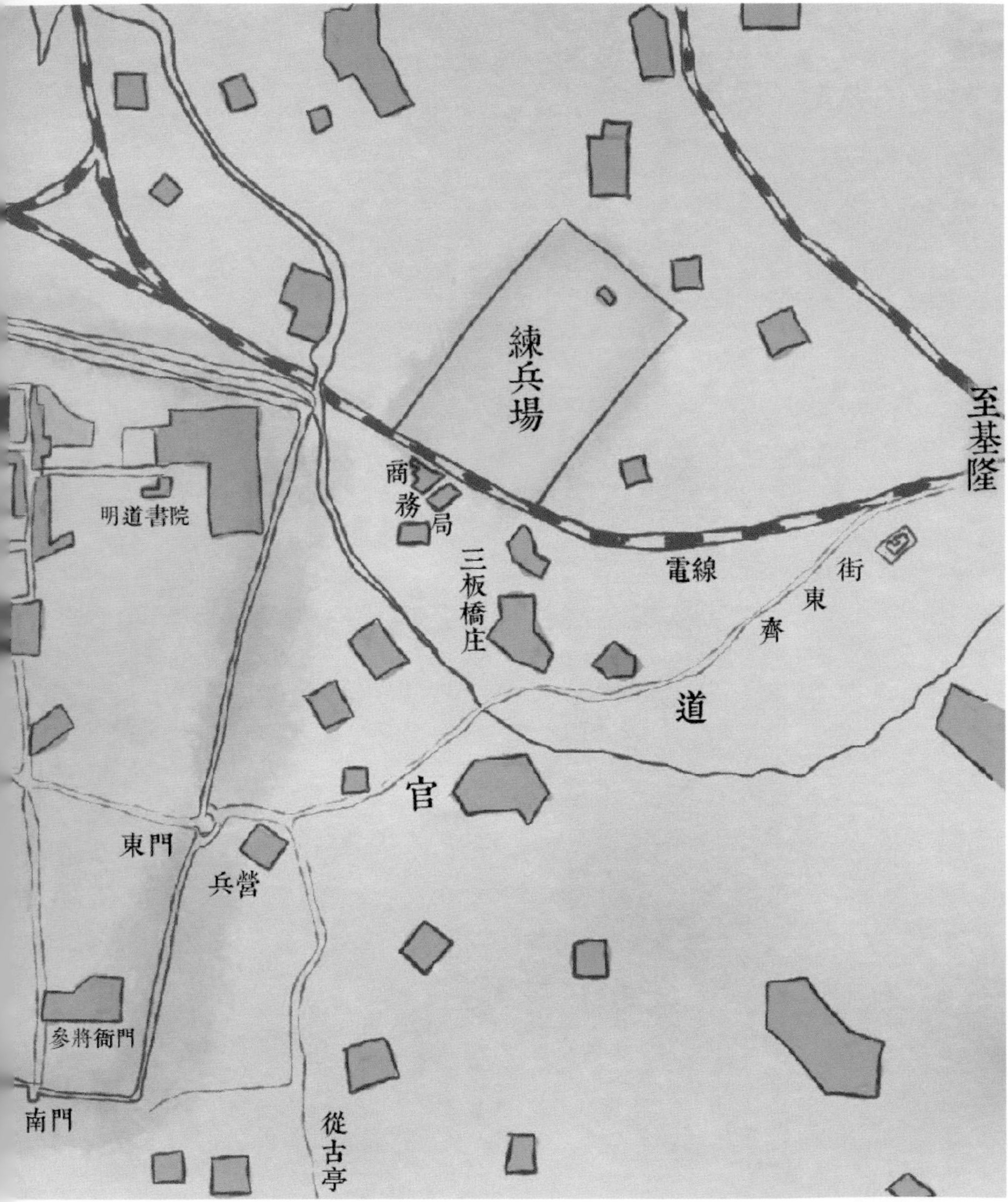
練兵場
至基隆
商務局
三板橋庄
電線
街東齊
道
官
明道書院
東門
兵營
參將衙門
南門
從古亭

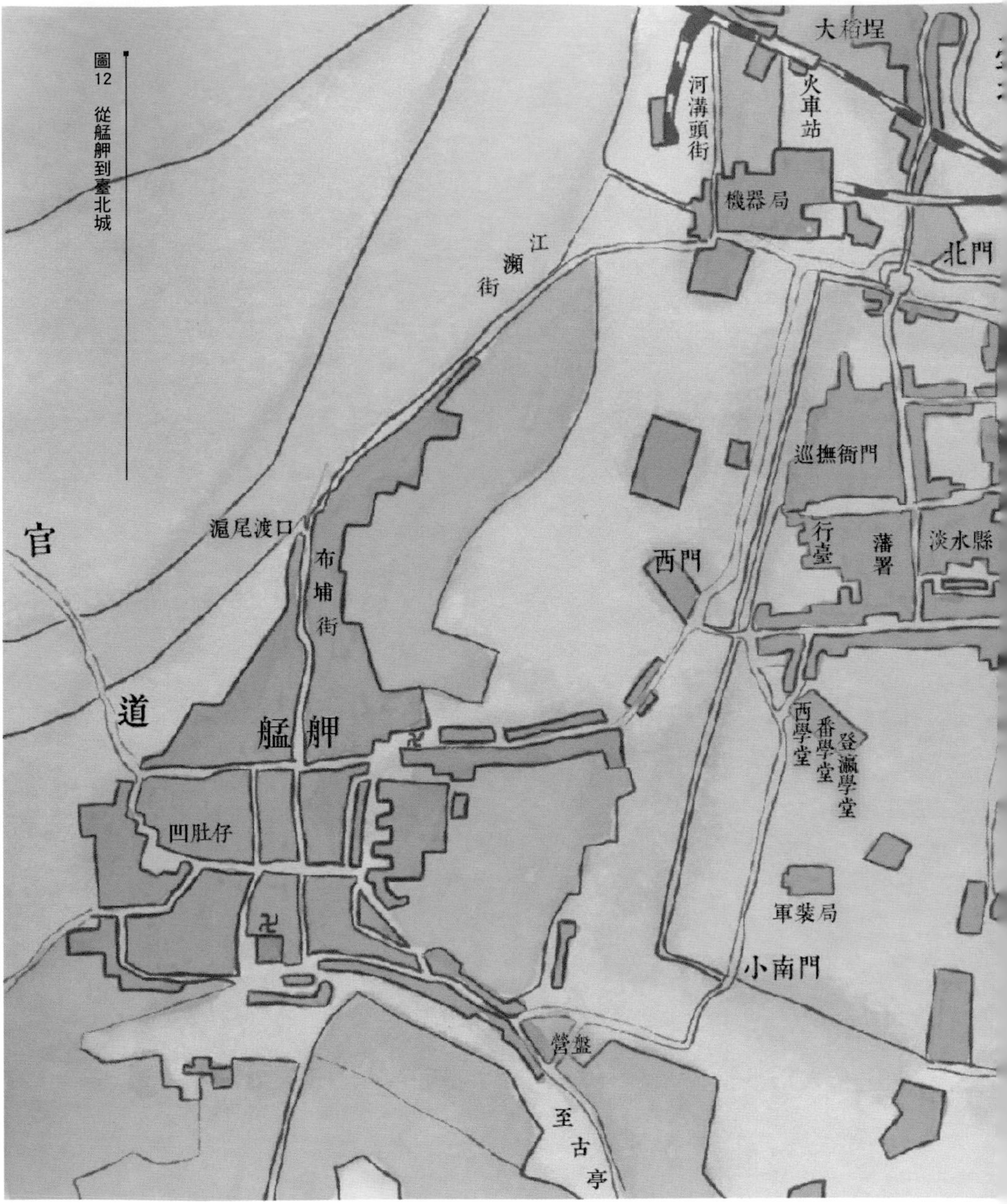
大稻埕
河溝頭街
火車站
機器局
北門
江瀨街
滬尾渡口
官
道
布埔街
艋舺
西門
巡撫衙門
行臺
藩署
淡水縣
凹肚仔
西學堂
番學堂
登瀛學堂
軍裝局
小南門
營盤
至古亭

圖12 從艋舺到臺北城

圖13 籌防局（1）

建國宣言寫道：當日拂曉，士農工商公集籌防局，開始嚴肅此壯舉。籌防局原名「欽差行臺」位於布政使司衙門西側，由臺灣巡撫於一八九二年開始建造，為外地高級官員來臺北時之旅館及宴會、會議之用。甲午戰後割臺期間，臺灣民主國大總統唐景崧曾將其改作「籌防局」，專司軍事布防。（今位於臺北植物園內）

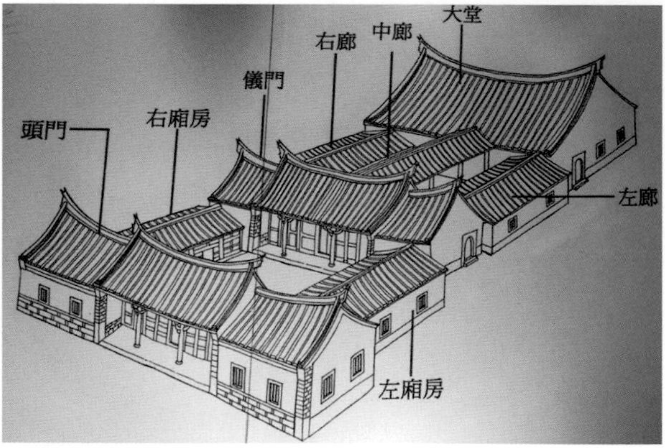

圖14 籌防局（2）（攝於臺北植物園內的「欽差行臺」）

圖15 臺灣民主國寶印

圖16　藍地黃虎旗
（攝於臺北植物園內的「欽差行臺」）

思，並以溫馴老虎的「藍地黃虎旗」（圖16），象徵低於清皇朝令人敬畏的龍。儀式過後，他以「臺灣民主國總統・前署臺灣巡撫布政使」的名義，發表了「臺灣民主國宣言」。基隆砲臺發出二十一響禮砲，原省會臺北變成臺灣民主國首都。

藍厚理指出唐景崧作為「巡撫──總統」（Governor-President）的二元角色，他還設計兩副官印。張之洞提醒唐景崧，給朝廷的奏事及行文大陸各省暨臺灣本省時，仍要用「巡撫」的頭銜和關防，對西方人才用「總統」。

唐景崧迅速電奏各省，聲明他的舉動是暫時權宜，事定後臺灣仍歸中國。他自知他的行為足以被判死刑或嚴厲處分，不斷重申適當時機再回中國接受應得懲罰，但仍然希望可以在島上保留權力，並且逐出日本人，直到臺灣得到「轉機」為止。

唐景崧也可能曾經企圖在臺灣建立永久統治，成為「臺灣王」，但基本上他還是小心謹慎的人，在臺灣一直不利的環境下，並沒有考慮到要大膽建立一個王朝或主權民主國家的長遠計畫。更恰當的說法，他冒險在臺北扮演抗日領袖，真正的目的不是為了臺灣，而是為了解決清朝廷的問題。

他建立的新政府中，邱逢甲並沒有被派任要職，劉永福則是徒具空銜的大將軍[31]。民主國僅新設相當於如今的內政、軍事和外交三個衙門[32]，唐景崧分別指派三位親信[33]去領導，三個部長執行重疊的職務並互相協助，而每一衙門所發出的事務，都交由唐景崧決定。另外，雖設立一個議院[34]，從未在臺北開過會。臺灣民主國也沒有制定憲法，只有促成臺灣民主國的人士所制定的一些建國方針，而被後世的研究者「視同憲法」。

至於國際上的反應呢？當馬士被通知淡水海關應懸掛新國旗——虎旗，他表示海關仍屬於清朝廷所有，因此只能掛大清國的龍旗。二十五日，馬士應唐景崧約見來到臺北，發現街頭極為平靜，巡撫衙門前懸掛一幅寫著「臺灣民主國總統」的布條，唐景崧要求馬士與海關人員轉為新政府效力，馬士回答他已經為清朝廷服務達二十年，忠於職守，無法同意效力另一個新政府。

唐景崧指出清朝廷已經放棄對臺灣的主權，馬士則回答：臺灣未交給日本之前都屬於清朝廷所有，由於馬士的堅持，海關大樓直到日本占領，始終懸掛大清帝國的青龍旗。

此外，協助日本獲取臺灣的美國[35]，當然極不樂見這事情發生，廈門美領事金德渥（Del. Kemper）獲知此事，立即電告國務院，約六月中旬他又說：「相信此舉出自北京政府授意，妄想使《馬關條約》難於施行，是極端愚蠢的行為。」

六月初，日軍進占基隆，通告各國領事，宣布執行接管臺灣，保證極力顧全各國在臺灣的商務利益。金德渥立即回覆日本，他相信此後臺茶經由廈門轉運美國的業務，將不至於遇到新的阻礙。他批評清朝廷官員的刻薄，樂於看到日本統治臺灣。

六月六日，唐景崧即逃離臺北潛回大陸[36]；六月十三日，美國駐華公使田貝將臺灣民主國成立宣言的譯文函送國務院，並評論此為最短命的政府，他認為臺灣民主國完全出自若干官員和仕紳們的策劃，民間根本就漠不關心。

同一天，美國政府也將五月下旬所接到的臺灣民主國成立與唐景崧就任總統的電報宣言，寄交田貝參閱，並交代田貝歸入使館檔案了事，此一時間上的巧合，說明美國政府和美使田貝對於臺灣民主國的態度，都是一樣的不在意。

近代臺灣歷史上僅有的「建國紀錄」[37]，卻以如此卑微的型態出現，令人遺憾，但先人曾為這塊土地努力的痕跡，仍應該被知道！

附註

1. 「民主國」是清朝廷使用的「Republic」的譯語。再則，臺灣民主國的英文名稱似乎是 The Republic of Formosa。
2. 劉永福，廣東人，參加太平天國軍，敗北逃走越南，在越南與法國軍打戰，大勝，越南王授三宣提督。一八八五年，法越和成，劉永福回國，清朝廷授他為南澳鎮總兵。與唐景崧為舊識，一八九四年唐景崧任臺灣兵備道時，清朝廷命劉永福入臺灣，幫辦軍務，但邵友濂以劉永福只新募兩營，未經訓練，且慣用廣東人等理由冷落劉永福。
3. 原二十餘營兵力，邵友濂又令福建水師提督楊岐珍（所部十營）和南澳總兵劉永福（所部廣勇二營，後增募四營，共六營）率兵赴臺幫辦防務。另增募湘勇、土勇等，合計共五十二營。
4. 按陸健熾的研究，中法戰爭時，劉銘傳督辦臺灣防務，來自霧峰林家的林朝棟親率私人兵力專程北上，成功阻擋法軍的攻勢。這時棟軍非正規軍，只是協助保臺的土勇營軍，因為家世背景、族黨龐大、有能力、餉糧足，且與劉銘傳展開新的政商關係。劉銘傳被任命為巡撫後，命林朝棟執掌中路營務處，棟軍發展擴及桃、竹、苗至嘉義一帶，林朝棟擁有政、經、軍大權。邵友濂繼任後，仍倚重棟軍，兵力四千八百四十人。
5. 板橋林家自林維源祖父林平侯起即為巨富，林維源曾協助建設臺北城，授四品卿，又是當時臺灣首富，是臺灣仕紳中聲望與勢力最高者。劉銘傳撫臺後對他相當禮遇，林維源也相助撫番、招墾、清賦等重大施政，出謀獻策，參與規劃。清朝廷諭令林維源專辦臺灣團防事務，主要是藉其影響力與財力來組織臺灣民眾，以增強臺灣防衛力量。
6. 邱逢甲，一八六四年生於今苗栗銅鑼。十四歲考取秀才，得到巡撫丁日昌的賞賜，譽為「東寧才子」。一八八九年到北京考中進士，被任命為「工部主事」（負責文書典籍記載的職位），但他以父母年老需照顧為由，選擇回臺。曾在臺中「衡文書院」任主講，又到臺南、嘉義辦過新式學堂。「邱逢甲」或寫成「丘逢甲」，清雍正年間，因避諱孔子之名，不少「丘姓」改成普遍的「邱姓」，故邱逢甲宗族姓「丘」或「邱」者皆有。圖6碑文上即是寫「邱」逢甲，本文採用他當時的寫法「邱逢甲」。
7. 因邵友濂辭職直到一八九五年五月七日才正式批

准，此時唐景崧只能暫代職務，等待升任。

8. 唐景崧與劉永福的心結早在越南共事時期，就因軍費糧餉分配問題，意見不同，仇恨日深。相關事蹟可另參見本書〈7.臺灣民主國如何滅亡？〉。

9. 邱逢甲所組的「義軍」成員大部分與他有同鄉或師生關係，他也得到父親與家人的支持，包括大哥邱先甲擔任統領、三弟邱樹甲協助處理營務，義軍中有「邱門三傑」稱號；經費不足時，邱家更是傾盡家財以助兵餉，邱逢甲號稱統率義軍一百二十營，但與他同時代的鹿港人洪棄生說實際上不滿十營。且因地域、交通的關係，邱逢甲雖有全臺義勇統領的身分，實際上僅能統率中部一帶的義軍，以客家人居多。

10. 按陸健孅的研究，劉銘傳主政後期，林朝棟有兵又有錢，和劉銘傳的關係又近如父子，幾成「臺灣王」。劉銘傳一八九〇年十月奏請辭職後，棟軍與官府的關係生變；加上募勇成員複雜（非原佃農或鄉勇），日久之後，官權、紳權互相角力，棟軍營伍廢弛、紀律不嚴。邵友濂繼任，接辦劉銘傳的撫番政策，仍以棟軍負責。清朝廷便派了候補直隸州知州府胡傳（胡適的父親）前來臺灣，一方面調查番亂，另一方面要解散棟軍，以防坐大後，林朝棟真成了臺灣王，當時林家風聲鶴唳，適逢臺灣民主國成立，才沒有事故發生。

11. 這批豐富的資料是馬士擔任代理淡水海關稅務司時（一八九二年三月至一八九五年七月）以書信、文件、電報等方式向總稅務司赫德（Robert Hart）所進行的報告，共二一九件，其中一八九四至九五年有一七四件。學者陳玉美根據馬士書信（Letter Books）進行臺灣民主國研究，本文中所用馬士相關的報告，就是陳玉美的研究成果。

12. 馬士主要工作是淡水海關及其支港基隆的商務，他的住宅就在海關。此外，他常需要接觸淡水英國領事與在臺灣的巡撫，當時臺灣巡撫遇有外交及財政問題時，淡水海關的職員通常都是諮詢對象。

13. 因邱逢甲是客籍仕紳，在外國人眼裡，他率領的義軍常與客家義軍畫上等號，在《北華捷報》（*North China Herald*）中便稱他為「客家領袖」（*Hakka chief*），而不是義軍統領。

14. 請參見本書〈7.臺灣民主國如何滅亡？〉。

15. 請參見本書〈5.日本為何能拿下臺灣？〉。

16. 按馬士所說，雖然不清楚這筆錢是公款或是私人財產，不過連相當高階的官員都不知道有這筆錢存在，推測應是私人財產。單以積存這筆私人財產，就能夠說他是瀆職，賺了外快。

17. 按學者黃昭堂的研究認為應是沈曾植。一八八〇年進士，歷任刑部主事、總理各國事務衙門章京、安徽提學使，署布政使。一八九五年，與康有為、梁啟超等主張維新變法，成立強學會。

18. 請參見本書〈5.日本為何能拿下臺灣？〉。

19. 仕紳引用的《公法會通》第二八六章全文如下：「國家割讓領土給他國時，必須注意四點：一、該國確有此意；二、那一國是以實力占據；三、住民是否能順從；四、違反條約，是否妨害他國。」仕紳引用的部分即是其中第三項。仕紳又引用第二八八章，即「他國不待割讓就占據、合併領土時……若住民不順從即不能為之。」

20. 按藍厚理的觀點：當時邱逢甲等人主張的是「自治」思想。

21. 請參見本書〈5.日本為何能拿下臺灣？〉。

22. 按學者黃昭堂的研究，當時就出現 Min-Kuo（民國），就是採取民主共和政體。

23. 請參見本書〈5.日本為何能拿下臺灣？〉。

24. 唐景崧早在五月十六日就率先自行下令：凡官吏、將兵擬內渡（返回大陸）者，須於五月二十七日前內渡，滯留臺灣者，薪水加倍。

25. 省中央的高級官吏之中，次於巡撫的布政使顧肇熙、臺灣鎮總兵萬國本、臺灣道陳文駼等相繼內渡。除了已落入日本手中的澎湖廳，臺灣三府、三廳、一直隸州、十一縣共計十八名首長，僅有臺東直隸州同知胡傳，因地處偏遠，尚未接到內渡令，但得知已發布內渡令後，也立刻內渡；為防衛臺灣而來的福建提督楊岐珍也率兵內渡，大部分官員並沒有留臺參加抗日的意願。

26. 此後因該法艦長地位不高，承諾成為空談。

27. 學者黃昭堂指出這封電報的真實性無法確認，但臺灣自立建國早在五月十五日決定，即使有封電報，也僅是「促進」作用。或者可能是唐景崧為臺灣民主國的出現，加一個有來自朝廷「背書」的說法吧！

28. 按學者楊護源、楊秀政的觀點，其實邱逢甲認為唐景崧意志不夠堅定，但考慮到他是當時地位最高者，且與張之洞的關係良好，由他任總統有助於往後臺灣民主國的推展。

29. 全文為：臺灣民主國總統，前署臺灣巡撫布政使唐景崧為曉諭事：照得日本欺凌中國，索臺灣一島，臺民兩次電奏勢難挽回。知倭奴不日即將攻入。吾等若甘受，則吾土吾鄉歸夷狄所有。如不甘受，防備不足顧，斷難長期持續。屢與列強折衝，無人肯援，臺民唯有自主。臺民願人人戰死而失臺，絕不願拱手而讓臺。臺民公議自立為民主之國。決定國務由公民公選官吏營運。為達此計畫且抵抗倭奴侵略，新政府機構中樞必須有人主持，確保鄉里和平。夙敬仰巡撫承宣布政使唐景崧，會議決定推舉為臺灣民主國總統。初二日公同刊刻印信，全臺灣紳民上呈。當日拂曉，士農工商公集籌防局，開始嚴肅此壯舉。乞勿遲誤！以全臺民之名布告之。

30. 劉銘傳原以淡水縣署作為巡撫行署，一八八八年新建巡撫行署完工，一八九四年省會由臺中移至臺北，巡撫行署改稱巡撫衙門。一八九五年六月七日，日軍進入臺北前，就被清軍焚毀。

31. 關於邱逢甲、劉永福相關事蹟，可參見本書〈7.臺灣民主國如何滅亡？〉。

32. 臺灣民主國設有相當於內閣的下列機構：臺灣承宣布政使總理內務衙門（掌理人事行政財務，相當於內政部）、臺灣總理各國事務衙門（掌理對外交涉，相當於外交部）、臺灣軍務衙門（掌理軍事，相當於國防部）。此外，府縣地區仍然保留著清朝治下一樣的政府。而那些擁有文、武職位的人，仍然沿用舊官銜的官印。

---

33. 甲午戰爭爆發，臺灣守備緊張，唐景崧署任巡撫後，先後調刑部主事俞明震、副將陳季同至臺，李秉瑞也主動請求效力，這三位成為他的親信。

34. 推舉臺灣首富林維源出任臺灣民主國國會議長。林維源允諾捐款助軍，但婉拒出任議長，隨即舉家內渡避難。

35. 請參見本書〈5.日本為何能拿下臺灣？〉。

36. 請參見本書〈7.臺灣民主國如何滅亡？〉。

37. 早則有一六六四年鄭經在臺灣所建的「東寧王國」。參見《被誤解的臺灣史》〈7.鄭經和英國人〉〈8.兩岸諜對諜〉。

1894 ■七月二十五日，中日戰爭爆發

■十月中旬，巡撫邵友濂改調，唐景崧接任

1895 ■三月二十三日，日本軍登陸澎湖

■三月二十六日，日軍占領澎湖

■三月三十日，簽訂日清停戰協定，並未把臺灣列入停戰範圍，臺灣上層階級對清朝廷的不滿之聲沸騰

■四月十八日，邱逢甲等仕紳拜訪唐景崧，申明如果日本人來接收臺灣，住民只有開戰一途

■四月十九日，清朝廷總理衙門向住民告示割讓臺灣的消息。二百餘位仕紳集會於萬華，主張臺灣命運應該由自己決定

■四月二十日，仕紳懇求來訪的英國代理領事霍布金斯向英國請求保護臺灣，但被英國拒絕

■四月二十三日，三國開始干涉還遼

■四月二十八日，邱逢甲等仕紳依據「國際法之規定」：領土之割據須經住民同意始得為之，反對割讓臺灣

■五月二日，光緒皇帝批准了《馬關條約》

■五月五日，日本通知列強要歸還遼東

■五月八日，煙臺換約完成，《馬關條約》正式生效。

■五月十五日，邱逢甲率領仕紳與唐景崧密談，會後發表〈臺民布告〉，表明「臺民獨立」的意圖，並電稟總理衙門、北洋大臣、南洋大臣、閩浙總督、福建藩臺及全臺長官

大事記

1895

- 五月十九日，法國軍艦抵達臺灣
- 五月二十日，清朝廷免除唐景崧臺灣省署巡撫職務，也令在臺文武官員內渡
- 五月二十一日，陳季同及邱逢甲、林朝棟、陳儒林等人決定公推唐景崧為領導人，懇請他再度治理政事
- 五月二十三日，唐景崧發表臺灣自立建國宣言
- 五月二十四日，獨立宣言與英譯本送交在臺各國領事館
- 五月二十五日，舉行臺灣民主國成立儀式

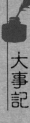

7 臺灣民主國如何滅亡？

你以為：臺灣民主國是被日軍打敗的

事實是：主要領導人陸續逃回大陸，民主國群龍無首，不戰自敗

日本雖透過《馬關條約》得到臺灣，但因臺灣有激烈的反對行動，並成立臺灣民主國抗日[1]，導致日本必須以「武力」來接收臺灣。

早在煙臺換約（一八九五年五月八日）兩天前，日本得知臺灣紳民反對割讓，並準備抗戰的情報，就決定動用軍隊接收，於是派遣近衛師團和常備艦隊準備進發臺灣。

五月十日，日本任命海軍中將樺山資紀為臺灣總督，以接收臺灣、澎湖。樺山資紀初步完成總督府組織後，即指示「總督府預定地為臺北府」，所以日本接收目標就是臺北府，並計畫在淡水登陸。

圖1　樺山資紀抵淡水（楊孟哲教授提供）

樺山於五月二十三日率文武官員從京都搭乘軍艦南下，五月二十五日，與近衛師團長北白川宮能久親王的步兵團在沖繩會合。同一天，臺灣民主國成立，從長崎出發的常備艦隊司令長官抵達淡水查探港內軍事工程（圖1），發現淡水港部署民主國重兵，日軍決定在澳底（今新北市貢寮）登陸。

清朝廷官員中，以張之洞對臺灣民主國的防衛最樂觀且寄予厚望，他認為臺灣道路險峻、住民強悍、糧食充足，即使日軍能侵入內地五十里，不久也會坐困愁城，一年半載無法攻下。五月二十六日，當「俄國對日本施加壓力，宣布六月十五日前不歸還遼東就對日宣戰」的錯誤報導傳開時，張之洞欣喜若狂將訊息傳給唐景崧，同時指示駐俄公使與俄國交涉，保護包括臺灣在內的整個東中國海。

唐景崧對臺灣兵力的部署，將重兵集中在臺北附近（基隆、淡水一帶）及澎湖。有鑑於牡丹社事件[2]

時，日本由南部的瑯嶠（即恆春）登陸，因此再命劉永福[3]分兵駐防恆春、東港一帶。另為了防範日軍自南崁登陸，從背面攻臺北，由邱逢甲的義軍及林朝棟的棟軍駐守南崁、新竹一帶，整個臺灣呈現劃地分防的狀態，很容易造成各使意氣、不相支援的後果。

劉永福的總部設在臺南府城靠近西門處，有一軍火庫與軍火工廠。劉永福從一八九四年十一月即自臺南前往打狗、東港、恆春視察軍營與戰備情形，隔年一月，士兵和軍火陸續抵達，南臺灣兵力在劉永福主導下逐漸增強。

從人數來看，日本兵有三萬七千人，民主國的兵力雖有約十萬人，但組成分子參差不齊，分別來自湖南（湘）、安徽（淮）、福建（閩）、廣東（粵）各地，個個自稱統領，使得前線指揮系統無法確立。再加上兵員大多是臨時招募，缺乏訓練，很難服從軍令，其中有不少是海盜土匪，例如唐景崧重用的吳國華，就是無賴出身。民主國士兵入伍的目的並不是要抵抗日軍，他們唯一關心的是能否拿到報酬。這些各省兵勇彼此衝突，也與臺灣當地土勇不合。

五月二十九日，日軍從澳底登陸（圖2、3），依臺灣民主國內政部長俞明震的記述，日軍是由臺灣住民勾結砂金採集者帶進來的，當時駐守澳底的一千名守軍，因成軍才三天，還沒見到日軍就自行潰散。

日軍登陸後，俘虜當地人當嚮導，並將臺灣住民當成搬運工人，因逃亡的人太多，在

圖2　位於鹽寮的抗日紀念碑

此碑原立「北白川宮征討紀念碑」。光復後，遭民眾搗毀；一九七五年臺北縣政府改建。諷刺的是此地當時並未有任何抗日行動。

圖3　日軍從澳底登陸處

每個人腰上綁繩子，供日本兵鞭策。

日軍往臺北方向挺進，澳底、舊社、鹽寮、頂雙溪一帶相繼失守。唐景崧先命人支援基隆，又令吳國華、包幹臣等率領粵勇數百人趕往前線，但竟發生搶首級爭功的事：吳國華軍與民軍夾擊日軍，殺死一名日本士兵，隨後趕來的包幹臣竟將日本兵屍體奪走。吳國華等發現後大發雷霆，竟放棄重要陣地帶兵趕回去追究。而防守三貂嶺的守軍約三、五百人，也是還沒和日軍打仗就潰散，三貂嶺因此落入日軍手中。

日軍又繼續往基隆方向前進。六月一日逼近易攻難守的九份。日艦「秋津洲號」砲擊村落，九份海口防守營官中彈身亡，成為第一位陣亡的民主國軍官，苦戰幾小時後，九份失守。同一天日軍再進犯同樣是易攻難守的瑞芳，除了原來四營守軍，俞明震更親自率軍前往督戰，聲稱此戰「關係全臺存亡」。雙方激戰三天，瑞芳才被日軍攻陷。北白川宮能久親王的隨從讚揚這場戰役指出：臺灣民主國積極奮戰，值得敬佩，算是日軍上陸後，唯一一次最正式的戰役。

六月二日，清朝廷議和代表李經方在福士達陪同下來到淡水外海，李經方在日本軍艦「千代田號」上，正式把臺灣交給日方。

六月三日，日軍陸海聯合攻擊基隆（圖4），常備艦隊上午展開砲擊，由陸軍和民主國守軍激戰，當天下午五點多，港東、港西砲臺都已淪陷，守軍轉至獅球嶺。

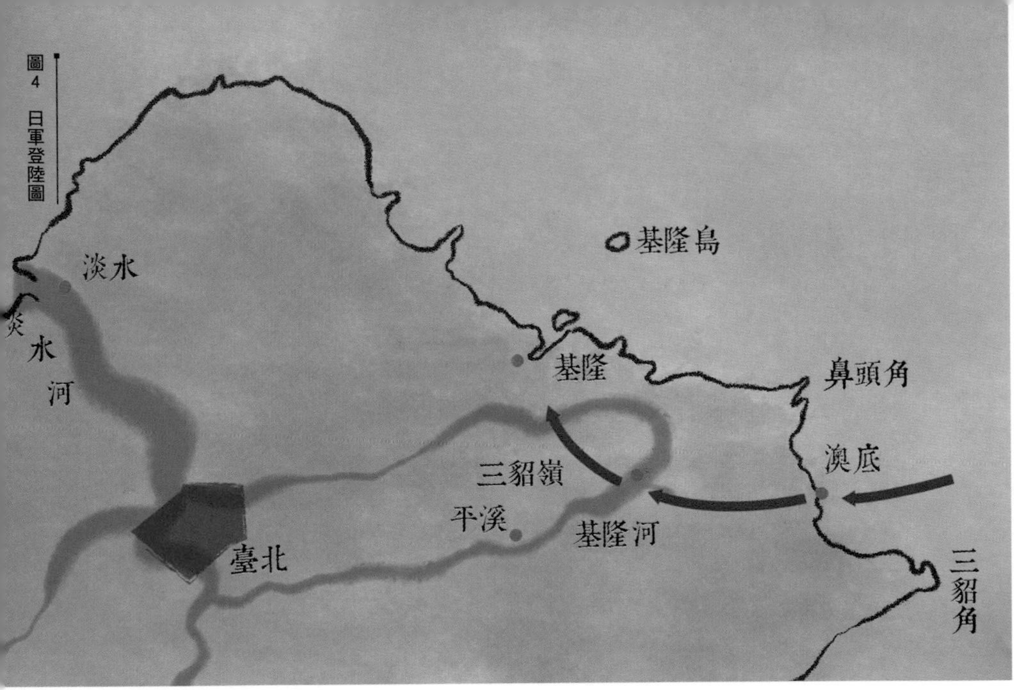

圖4　日軍登陸圖

獅球嶺是基隆進入臺北的要衝，地勢險峻，建有砲臺，中法戰爭時，原由林朝棟率軍三千駐守，當時法國將領孤拔（Anatole-Amédée-Prosper Courbet）都無法攻破此地。唐景崧卻將林朝棟調守中路彰化地區，瑞芳失守後，臺北仕紳曾向唐景崧建議將林朝棟調來獅球嶺支援，唐景崧仍不願意，這應是獅球嶺失陷的原因之一。

戰役開打前，由於道路崎嶇不平，火器運送不便，日軍僅約四千兵力和四門山砲參戰，民主國義軍集結了二、三千人（一說五、六千人），火器比日軍強盛，又有地形優勢，卻在激戰一日後失陷。主要是因民主國陣營發生內訌，當日軍欲冒雨偷襲獅球嶺時，民兵想藏身等待機會攻敵，粵勇以為民兵要退卻而開槍攻擊，民兵也以為粵勇要叛變而反擊，一片內亂中，獅球嶺就丟失了，日軍通往臺北的路因此大開。

臺灣民主國最大致命傷是缺乏海軍，僅能堅守港口要塞。當日軍決定避開民主國在基隆、淡水設下的嚴密防線而在澳底登陸之後，民主國原先武備設施無法彈性移動，就只能被動作戰了。獅球嶺與基隆一起淪陷後，民主國部隊已渙散，所以當日軍占領基隆和當地砲臺時，發現臺灣民主國虎旗營據守的砲臺都十分完好，大多僅發射一枚砲彈就被棄置了。

獅球嶺激戰時，俞明震等人請唐景崧移師死守八堵，但唐景崧只派人到八堵駐防，俞明震再勸唐景崧退守新竹，倚靠林朝棟、劉永福的力量再舉事，不僅唐景崧不願意，他的左右幕僚甚至舉槍要脅俞明震等人，俞明震知道事不可為，因此選擇內渡大陸。

唐景崧的反應已明顯無抵抗的意思，六月四日消息傳來，唐景崧決心內渡，穿著便衣前往淡水，遇到人問，就說要「前往基隆督戰」，其實是去藏匿在德商洋行裡。六月五日，唐景崧在淡水先以「千急急赴援」，電召駐守桃園南崁的邱逢甲、臺中的林朝棟、大甲的楊汝翼等人帶兵支援臺北，六日又電「萬急急赴援」，卻沒人前往救援。

當時一般人不清楚唐景崧真正的下落。據學者黃昭堂研究，唐景崧付給護衛兵五萬兩才逃脫臺北城，六月六日搭乘亞瑟輪（懸掛德國旗，稱為Arthur號）從淡水逃跑時，被淡水砲臺守備發覺，在馬士的協助下，將保管於稅關的公金與私財共五千兩（五百鎊）付給士兵，以換取切斷港內水雷線、取下大砲衝擊機等協助，以保證出航安全。對士兵而言，唐景崧逃亡並非少了指揮官，而是不再有支付軍餉的人，只要支付釋放費，誰要逃亡大陸，並無關痛癢。除了唐景崧，陳季同也逃到這艘船上了。

唐景崧回到大陸後，清朝廷並沒有降罪，只是命他退休。後來他返回故鄉廣西桂林，重拾早年對戲劇的喜愛，仿照北方京劇形式，親自編寫戲曲，並招募藝人樂師，定曲牌，譜樂曲，用桂林話演唱，創出廣西的「桂劇」，去世時六十三歲，算是安享餘年。

臺灣尚未自立建國前，清朝廷原決定撥款五十萬兩支援臺灣抗日軍費。臺灣自立建國的隔天，張之洞命人火速送出三十萬兩，但張之洞想要支援的並非臺灣，而是唐景崧個人。六月五日，張之洞得知臺灣戰況不利，打電報告訴唐景崧若情況很糟，就將總統印交給劉永福，設法從臺南內渡。等到六月九日，張之洞得知唐景崧已逃回大陸時，甚至下令若先前的三十萬兩尚未送出，即再取回。

唐景崧等官員相繼逃走後，臺北城因群龍無首而大亂，公家機構停擺，政府解體，臺勇與粵勇互相殘殺。按美國《先鋒論壇》記者禮密臣記載：許多兵勇衝入巡撫衙門，打破金庫，尋找值錢的東西，脫下軍服隨便包起搶奪到手的財物。後來趕到的士兵拿不到東西，憤怒之餘，縱火燒毀巡撫衙門。

也有人把城牆上的大砲拆下到處叫賣，沿路從兵勇軍服中落下的銀元財物，被其他士兵或居民再搶走，也有拿得過多的兵勇被人殺害，大家互搶財物。加上在基隆不戰自潰的

圖5　自告奮勇前去邀請並帶領日軍到臺北的辜顯榮

圖6　日軍進入臺北城（楊孟哲教授提供）

士兵退入臺北城，如土匪般從火場中找尋已燒壞的時鐘之類財物，之後開始襲擊居民，姦淫婦女，兵工廠被燒掉，彈藥庫也爆炸了，臺北城進入無政府狀態，騷亂達到極點，慘如地獄。

臺灣民主國既無法守禦臺灣，按學者陳俊宏指出：以李春生[4]為首的臺北仕紳，加上德商奧利（Ohly）、美國記者禮密臣，以及英商湯姆遜（Thomson）等人，以恢復戰亂秩序之名開會，會中決議請日軍入城維持秩序，而由紳民提供糧食和需要，於是派自告奮勇的鹿港商人辜顯榮[5]與奧利、禮密臣、湯姆遜一起前往水返腳（今汐止）[6]邀請日軍。六月七日，日軍在辜顯榮（圖5）等人前導下到達臺北城北門外，城內居民陳法及其兒子登上城牆，放下竹梯、打開城門，日軍登陸才十天，即進入臺北城（圖6）。

日軍進城時只有八十人，樺山資紀等官員

圖7　客家義民領袖徐驤

圖8　客家義民領袖吳湯興（攝於彰化八卦山史蹟紀念館）

直到六月十四日才進入臺北，李春生向樺山資紀提出「希望以文明之法治理臺灣」的請求，六月十七日的始政典禮上有日方文武官員、在臺外籍人士以及臺灣仕紳共約四百人。

日本軍隊持續向南進攻，由於客家義民（圖7、8、9）[7]軍堅守崗位積極應戰，直到六月二十二日新竹（圖10）淪陷之前[8]，抗日戰局始終膠著於北部。

臺灣仕紳邱逢甲[9]、林朝棟[10]呢？日軍登陸臺灣後，邱逢甲並未親自率軍[11]與日軍交戰，當日軍攻占基隆，他也沒有應唐景崧的催促前往支援。唐景崧跑回大陸後，邱逢甲更知勢不可為，與林朝棟於六月九日進入新竹解散義軍，準備內渡大陸。林朝棟不久後也內渡大陸，棟軍無形中被解散了[12]。

準備離開臺灣的邱逢甲並未參與六月十一日苗栗、新竹二縣義軍將領誓師，六月二十一日，

圖9　客家義民領袖吳湯興（陶塑大師陳志弘的作品）（攝於彰化八卦山史蹟紀念館）

圖10　新竹城門

日軍攻勢已達新竹地區，邱逢甲更沒有參與作戰的紀錄。約六月下旬，邱逢甲匆匆到梧棲港，留下「離臺詩」[13]，乘船落跑回大陸去了。

之後，邱逢甲投入新式教育，成立嶺東同文學堂，並投入革命行動。他四十八歲臨終時遺言「葬須南向，吾不忘臺灣也」。但當年，邱逢甲曾痛罵唐景崧不戰而逃，說恨不得吃他的肉，而邱逢甲的行為卻與唐景崧一樣，終究淪為後人話柄。

六月初起，日軍將自行聚集在淡水的幾千名清兵，分批遣返大陸。清朝廷在唐景崧逃到廈門後，即斷絕補給軍備武器給臺灣[14]，臺灣的兵力和武器都削減，對防務是一大打擊。在臺南仕紳的請求下，劉永福率黑旗軍在六月十三日自旗後（今高雄旗津）移駐臺南府城，領導及調度臺南各處軍兵和本地義勇團，並主持防務、行政事宜，當時官員要內渡大陸，就會將代表權力的印信交給劉永福。

劉永福本來因為沒有清朝官員接濟，抗日並不積極。直到六月二十一日，他收到蔡嘉穀[15]密縫在衣服內的一封「密函」，是張之洞轉送駐俄公使許景澄的電報，文中有「俄國已承認臺灣自立，黑旗軍尚在否？能否支持兩個月？」另有「救援即至」等語，看到張之洞即將前來救援，劉永福的態度才轉為積極。

六月二十五日，總督樺山資紀以書信勸降劉永福，但劉永福回信拒絕，他強調「臺灣民主國」的實際本質是為防止日本占領清朝領土的一種手段，效忠對象始終只有「清朝」，

圖11　南臺灣民主國設立議會的所在（今臺南孔子廟）

他並未談到臺灣人民的自立建國。

六月二十九日，劉永福與紳民「歃血為盟」，喊出「全臺灣割讓給日本，我誓與土地共存亡。臺灣民主國為自主之國」，他保證將「萬死不辭，任勞任怨，不管戰事如何，皆一肩擔的承諾」，更重要的是「凡有軍需，紳民一定要盡力慷慨捐助」的抗日盟約。

隨後，臺南仕紳三次呈上「民主總統」官印，劉永福三次拒絕。他表示要的不是總統的虛銜，而是要領導臺灣紳民抗日，因此希望大家「有錢幫錢，無錢幫米，無錢米之人就幫力」。

七月二日，劉永福率親信兵丁五百人，大會臺南紳民，臺南沒有設政府組織，而是在臺南仕紳許南英的建議下，七月八日以臺灣民主國之名，在臺南府的府學（今孔子廟）（圖

11）開設議院，由七位仕紳組成委員會。

之前在臺北因民主國的時間太短，議會完全沒有運作。臺南的民主國議院則有固定集會，主要大權掌握在劉永福手裡，主要作用是籌備款項，籌款方案都在議會討論後執行。當然最直接也最急需的是這些富紳的捐款，以及帶動人民共同捐款的風氣，但有錢仕紳多想辦法內渡，議員的素質不佳，無法取得人民的信服，成效不大。

學者藍厚理認為劉永福以「結盟」儀式成為民主國領導人，至於「議會」，臺南仕紳應是受鄭成功「反清復明」的觀念影響，甚至有「議院廣開民主國，版圖還隸聖明朝」的詩出現。

這個擁有「臺灣（臺中）、臺南兩府，恆春、鳳山、嘉義、安平、苗栗、雲林、彰化、臺灣（臺中）八縣，臺東一州」的政權，被當時英國駐安平領事稱為「南臺灣民主國」（South Formosa Republic）。

劉永福因仕紳商人的捐款成效不大，因此加收戰爭稅，依財產多寡課五%。為維持海關收入，當在臺南海關工作的外國人因臺灣將換政權而要離開安平時，有一艘英國船艦因意外未能及時離港，劉永福與乘坐此艦的英國人麥嘉林（Messrs Mac Callum）長談三小時後，由麥嘉林擔任稅務司，繼續留下來經營海關，後來海關每月繳給民主國政府的關稅約有一萬三、四千兩。此外，劉永福仍盡量維持對外貿易的穩定，鴉片繼續輸入、樟腦持續輸出，以賺取外匯彌補軍費不足。

至於來自清朝廷的援助，只有閩浙總督邊寶泉[16]按月小額金援，到九月，連他也拒絕援助劉永福了。欽差大臣兩江總督劉坤一也向軍機處建議：應請劉永福率眾內渡。反而是劉坤一的幕僚易順鼎（圖12），五月底得知唐景崧有意在臺死守抗拒日本，就想渡臺協助，他向劉坤一強力請求，終於獲准來臺，沒想到出發前得知唐景崧已內渡回大陸，於是決定轉到臺南協助劉永福，六月二十一日抵達臺南，隔日即和劉永福談論防衛問題。

除了臺灣南部劉永福，另有中部原臺灣府知府黎景嵩，他在唐景崧、邱逢甲、林朝棟相繼離臺後，以殘餘的棟軍和苗栗、雲林等縣募勇組成「新楚軍」，並向劉永福求援。鹿港的仕紳請劉永福帶兵前來助陣，但劉永福貫徹「畫地自守」的原則，只願自備兩個月糧餉，以後便要中部自行設法供應士兵糧食和薪水，仕紳們又不敢答應，直到易順鼎來到後，劉永福才撥出三營兵力給他支援臺灣中部。

劉永福最大問題是糧餉和兵械不夠，六月二十五日透過邊寶泉向張之洞求援被拒絕後，七月十一日、十七日又再度向張之洞求援。但因日本一再抗議有清朝官員協助臺灣，甚至言明張之洞是主導者，清朝廷感到壓力，特別注意東南沿海一帶的動向，並向張之洞施壓。

張之洞在七月二十日寫信給總理衙門，言明不再援臺，且答應隨時查禁運到臺灣援助的糧餉和兵械。同一天，易順鼎拜訪張之洞，特別希望兌現兩個月前那則讓劉永福備受鼓

圖12　自願前來臺灣協助抗日的劉坤一幕僚易順鼎

舞的「密函」所說的即將給予「援助」，張之洞以朝廷明令「禁止」為由拒絕。

但張之洞又期待劉永福能以必死決心在臺抗日。易順鼎認為日本一旦攻到臺南，劉永福必不肯死戰，與其等劉永福失敗，增添清朝廷的恥辱，不如先召回劉永福，留下一位將才。但張之洞就是堅持袖手旁觀。

八月十七日，劉永福派到清朝廷請求支援的人再度無功而返，劉永福在十九日、二十一日、二十二日，先後發三封電報給張之洞。學者吳密察指出：劉永福仍相信清朝廷有意爭取外國援助，而他留在臺灣的意義是執行朝廷「堅守待援」的指令，如果清朝廷的思慮有變，則應給他撤退的命令。

同樣的，臺灣中部黎景嵩也認為堅守臺灣是為等待外國援助，而這是清朝廷給予的「承諾」，也可說是「命令」。面對他們的急迫求援，張之洞重申奉朝廷命令不能接濟臺灣，並說沒有承諾只要堅守兩個月，俄國援助即會來到之事。

此時尚在努力爭取援助的易順鼎，也向兩廣總督譚鍾麟[17]求援。當初劉永福就是接受時任閩浙總督譚鍾麟的命令，才率兵千人渡臺，然而譚鍾麟只送三萬兩給劉永福，做為撤退士兵回大陸之用，當時民主國每月花費十二萬兩，三萬兩等於是杯水車薪。

所有的援助都已無可能，局勢更加危急。按學者謝佳卿研究，為解決資金問題，臺灣民主國在臺南府設立類似銀行機構的官銀票局，透過發行官銀票（圖13）吸納資金[18]，官銀票局曾試圖在福州、上海、廣東與廈門建立分公司[19]，讓士兵家屬能在這些分公司憑票提領士兵在臺灣服役的薪水，其實是在臺灣發不出足夠薪餉的變通之計。

此外，財政處境更困難的九月之後，又設立「臺灣民主國安全公司發行股份票」（即公債），聲明當彰化、臺北完全收復，臺灣重回太平時，只要拿股份票給安全公司，就可換回四倍的錢；也聲明將來臺灣收復後，紙幣將五倍還本。以這種方式籌募資金，可見當時財務的困難。

官銀票局成立之初，的確有助民主國的資金籌措。但在沒有充足銀元的情況下發行，根基不穩，且因內渡到大陸的臺灣豪紳富商帶走不少錢，到九月下旬，因民主國籌不出足夠銀兩兌現，官銀票嚴重貶值。等到十月中旬日軍逼近，官銀票在臺南城已不能通用，後來

圖13　臺灣民主國官銀票

為解決資金問題，臺灣民主國透過發行官銀票吸納資金。（陳瑞和先生收藏品）

圖14　臺灣民主國郵票（國立臺灣歷史博物館提供）

臺南被日軍占領，股份票和銀票都變成了「空頭支票」。

因政府財政困難，安平海關內郵局所發行的郵票（圖14），本來是為了方便通信，後來改以籌募資金為主，郵票發行初期獲利五千餘兩，而郵政制度一直持續到十月初仍然可行。

到了財政困難的最後關頭，學者謝佳卿指出：劉永福先是向人民收取「逃亡稅」，就是想內渡的人必須到議院申請旅行券，平常人家一戶繳交二兩，有錢人家則得繳交幾倍的錢，否則就不許離開臺灣。

接著在港口設關卡檢查乘船內渡者的行李，不讓人民帶太多錢離開臺灣，違者就沒收。據說有兩位官員離臺時，先送到安平港口的行李被黑旗軍打開檢查，被取走五百五十兩。他們各給劉永福一筆錢之後，兩人所乘坐的德國輪船「馬特號」（Marter）才得以順利啟航。

但這些收入對當時整個局勢而言，只是杯水車薪且緩不濟急，還是希望能得到張之洞的糧餉資助。九月十五日，易順鼎從大陸回到臺南，只帶來少許資助[20]，劉永福十六日又派人內渡籌錢，但也沒有成效[21]。

日軍接收新竹後，南下時非常不順利，七月四日決定暫時停止南進，一面向大本營申調兵力，一面將兵力集中於北部。日軍打算避開不利行動的溼熱七月[22]，先養精蓄銳兩個月，同時等待臺灣抗日軍鬆弛。

八月中旬之後，劉永福開始為退守做打算。八月十九日再致電張之洞，希望至少得代為安排善後事宜，但得不到任何回應。二十二日再電張之洞，請明確指示到底是可援助臺灣而要他再守？或已經無法援助臺灣要他離開？若要他離開，能否幫助他離臺及善後在臺軍民事務。

同一天，張之洞發函給劉永福和黎景嵩，再度將允諾援助的事推得一乾二淨，更要他們自行斟酌看著辦。如此一來，劉永福明白沒必要再堅持留守臺灣，然而，卻放心不下無法妥善安置的軍隊，以及臺灣人民無法預知的未來。

在這種情況下，劉永福在八月二十三日接到樺山資紀極盡好言好語的勸降信函，允諾將妥善安排劉永福所擔憂的軍民問題，保障人身安全，且盡快載運劉永福及部下內渡。學者

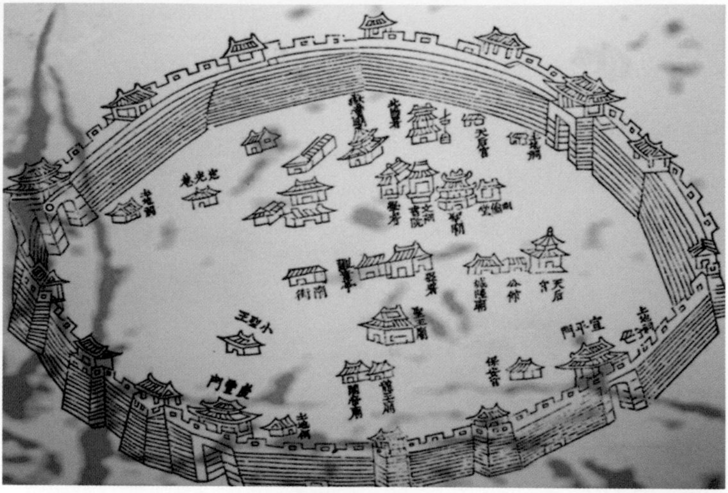

圖15　彰化城古圖

圖16　彰化八卦山抗日保臺史蹟館

謝佳卿認為雖然劉永福仍強硬回絕，然而時局艱困，這封信函確實已動搖了劉永福堅守臺灣的意念。

張之洞八月二十五日給劉永福的書信也表示：朝廷早已下旨在臺官員內渡，不可能專門下一道旨令請劉永福內渡，要他不必再僵持於未接獲朝廷聖旨而死守不去。張之洞的冷漠終於使劉永福認清：朝廷沒有要他據守臺灣的意圖，留守臺灣不再具有意義。

八月下旬，氣候轉涼一些，日軍進攻臺灣中部，劉永福雖有派部分軍隊前往中部援助，但八月二十八日，彰化已陷落（圖15、16），黎景嵩內渡，日軍占領彰化及以北地區（圖17）。

圖17 日軍攻臺時程圖

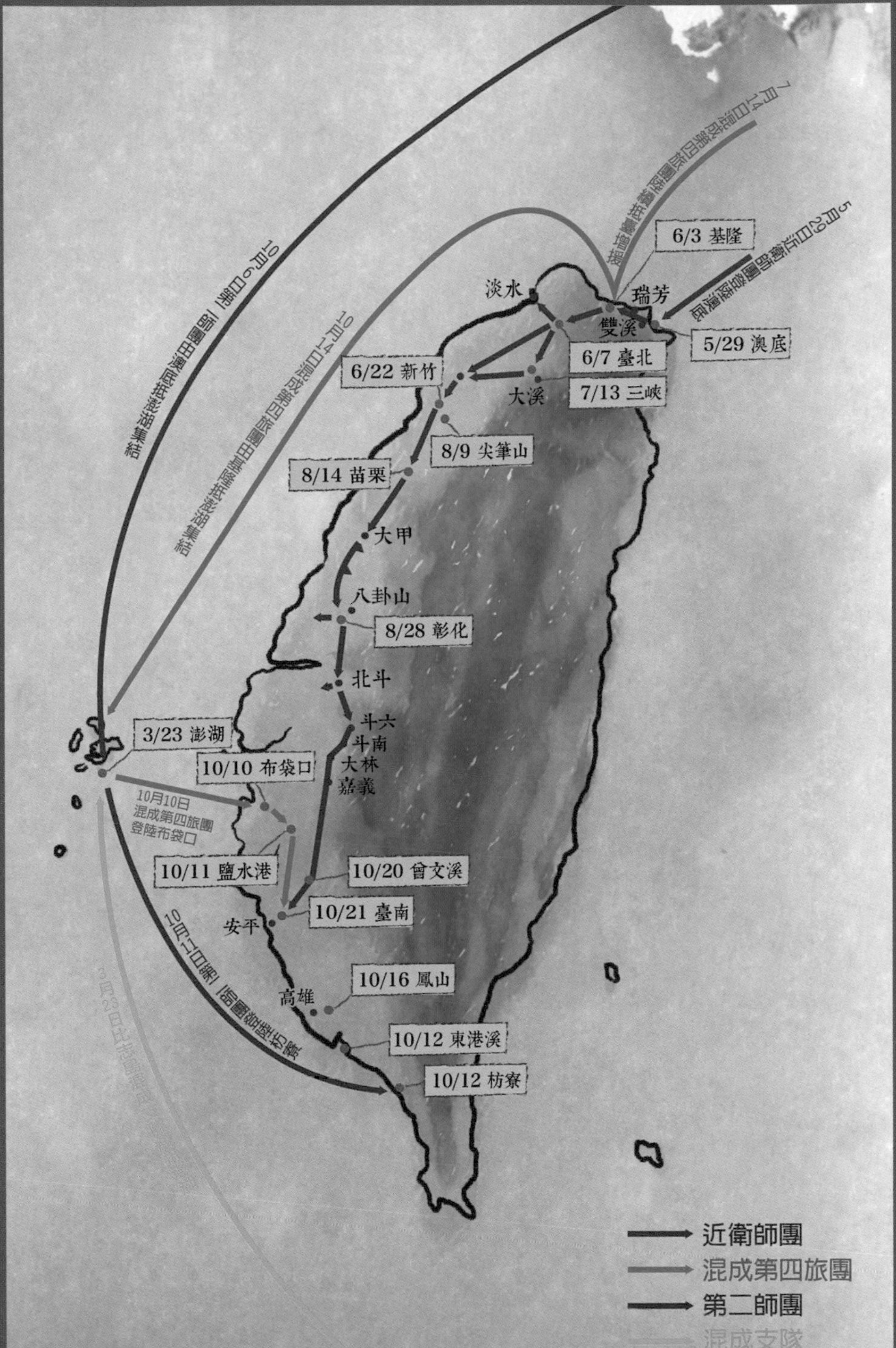
7月14日混成第四旅團陸續抵臺增援
5月29日近衛師團登陸澳底
6/3 基隆
瑞芳
淡水
雙溪
5/29 澳底
6/7 臺北
6/22 新竹
大溪
7/13 三峽
8/9 尖筆山
8/14 苗栗
大甲
八卦山
8/28 彰化
北斗
斗六
斗南
大林
嘉義
10月6日第二師團由澳底抵澎湖集結
10月14日混成第四旅團由基隆抵澎湖集結
3/23 澎湖
10/10 布袋口
10月10日
混成第四旅團
登陸布袋口
10/11 鹽水港
10/20 曾文溪
10/21 臺南
安平
10/16 鳳山
高雄
10/12 東港溪
10/12 枋寮
10月11日第二師團登陸枋寮
3月23日比志島混成
近衛師團
混成第四旅團
第二師團
混成支隊

根據駐臺南的英領事胡力強記載：日軍占領彰化之後，意圖向嘉義推進，劉永福似乎沒有強力防守嘉義的打算，當劉永福在嘉義與臺南府之間的曾文溪附近安排戰備線時，僅由一位指揮官領導二千兵員，自己再回到臺南府，而臺南也僅止於防守，完全見不到打算抵抗的現象。

日軍則因氣候加上瘴癘之氣[23]，軍隊深受熱病之苦，損失很大。樺山資紀下令中止南進行動，暫時停留在彰化，等待時機進占臺南城。

到了九月，氣候適宜，日本援軍陸續就位，計畫以圍攻方式進入臺南：一是近衛師團，為陸軍南進部隊，完全針對劉永福而來，預定十月上旬到嘉義附近，再進入臺南；二是由枋寮登陸的第二師團，經由鳳山進入臺南；三是混成第四旅團，自西部布袋嘴登陸進入臺南；四是軍司令部直轄部隊。

彰化淪陷，中部已無屏障，八月下旬臺南所有的糧餉和兵械用完了，郵票、官銀票籌資的成效有限。九月，劉永福領導的二千名護衛軍只剩下一半，七百名駐守臺南府周圍，四百名在安平，其餘都逃亡了，臺南府完全沒有迎戰敵人的準備。

劉永福事後承認：八月二十三日收到日方的勸降書後，便不曾再對日軍發動攻勢，且已退守臺南。意即日軍攻陷彰化之後，他對日軍採取「守而不戰」的態度。至於臺灣人民陸續展開的抗日行動，他說全是當地民勇所為。

＊圖18 嘉義城

就在日軍即將攻陷嘉義（圖18）前一日，臺南岌岌可危，劉永福與英領事胡力強會面說：很久以前就想放棄臺灣，但一直等不到朝廷的撤軍命令，九月二十九日終於接到清朝廷派出兩位使者帶來的撤軍聖旨[24]，所以希望和日軍議和。

在當時不利的局勢下，胡力強鼓勵劉永福與日軍展開議和。十月九日，日軍攻陷嘉義後，劉永福發出信函，主要條件為「善待臺灣子民」及「厚待其所領軍隊，並協助其迅速內渡」。十日清晨，胡力強乘坐英國軍艦帶信函到澎湖，交給當時駐澎湖的日本常備艦隊司令官，雙方約定十月十二日中午在停靠於安平港外的「吉野艦」上再談判，但劉永福因日軍包圍臺南的行動不曾減緩，疑慮日方的誠意，並擔心自身安危，決定不登艦。

樺山資紀因八月二十三日勸降劉永福遭到拒絕，心裡已不愉快了。在日軍處於優勢的狀況下，劉永福還提出有條件的議和，更讓他不滿，於是強烈拒絕。

劉永福十月十二日再委託兩位外籍人士將議和信送交駐守嘉義的日本近衛師團長北白川宮能久親王，並解釋早在八月二十三日接獲勸降信後，就不再發動攻擊，只要日本答應議和，他就立刻召集並率全體將士將臺灣全讓給日本。但因能久親王已從樺山資紀處得知劉永福之前不接受勸降，因而對劉永福相應不理，日軍繼續鎖定臺南府。

十月十四日，日軍進入打狗準備戰鬥，十五日清晨將砲擊打狗砲臺（圖19、20），劉永福緊急命令防守打狗的義子劉成良回臺南府，打狗無人領導，日軍不費吹灰之力攻下。

臺南的情況更加危急，劉永福十月十六日再派人將議和信送往停泊在布袋嘴的「秋津洲艦」上的日本南進軍司令長官，表達日方沒有信守樺山資紀當初（指八月二十三日）應許安排內渡與安置士兵的承諾，但日方不理會他的說辭，劉永福拒絕無條件投降，雙方無法達成議和。

樺山資紀不僅拒絕劉永福的議和，而且大量傳發劉永福的照片，分別送往南進軍司令部及近衛師團，企圖捉拿劉永福，劉永福的人身安全已成了問題，既然已無心留守，設法內渡已迫在眉睫。十月十九日，劉永福在臺南城散播假消息：他將退入內山繼續抗日，將與日軍一決死戰。高掛砲臺上的白旗被撤下，劉永福命令整個臺南城炊糯米甜粿，以慰勞

圖19 打狗砲臺（1）

圖20 打狗砲臺（2）

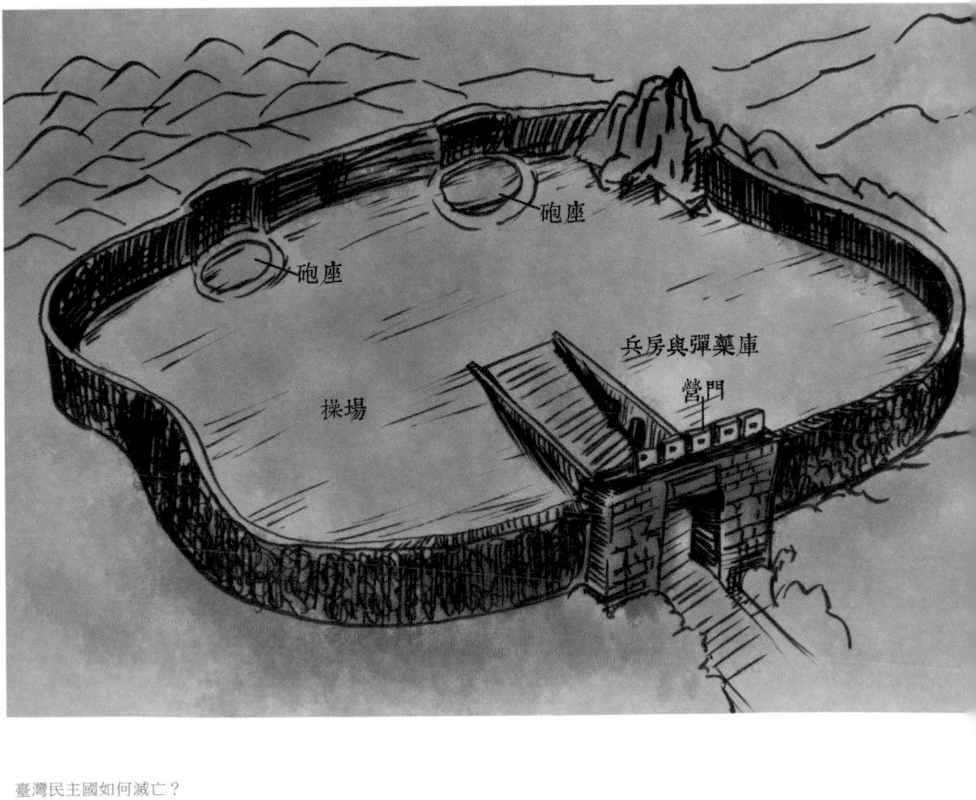

即將與日軍激戰的臺灣兵。

劉永福卻在入夜後藉口要巡視砲臺，離開臺南城至安平，並與舊部屬改扮成育嬰婦人，搭乘當天由廈門入港的英國商船「爹利士號」（Thales），逃脫日軍艦隊的臨檢，十月二十日解纜行向廈門。日軍得知劉永福即將內渡，以八重艦追逐爹利士號要求徹底檢查，上船後憑著劉永福的照片一一對照船上乘客，過程仔細嚴密，卻都沒被發現。爹利士號被耽擱近十個小時，在船長抗議之下才放行。

回到故鄉廣東欽州（今屬廣西）後，劉永福沉潛了一段時間，再出任廣東碣石鎮總兵。辛亥革命勝利之後，又出任廣東民團總長，不久辭職回家。袁世凱與日本簽訂「二十一條約」時，劉永福還曾倡議組織義勇軍抗日。最後他以八十高齡去世。

得知劉永福內渡當天，臺南仕紳代表為避免潰敗軍隊所造成的混亂，請英國牧師巴克禮（圖21、22）與日軍接洽臺南城投降事宜，以主動迎日軍入城的方式避免開戰。留在臺灣的士兵得知劉永福已離開臺南，深感絕望，而深得劉永福信任的海關稅務司麥嘉林出面勸士兵解除武裝，約有三、四千名士兵繳出刀、槍與彈藥，堆在海關倉庫裡，日軍得以不流血進占臺南府，南臺灣民主國至此結束。

臺灣民主國成立後，先是唐景崧六月六日內渡，北部民主國結束；後是十月十九日劉永福內渡，南部民主國結束。前後歷時四個月又二十六天，建國只有一百四十八天。近代

圖21 巴克禮牧師

劉永福內渡之後，受臺南仕紳之託，與日軍接洽臺南城投降之事。

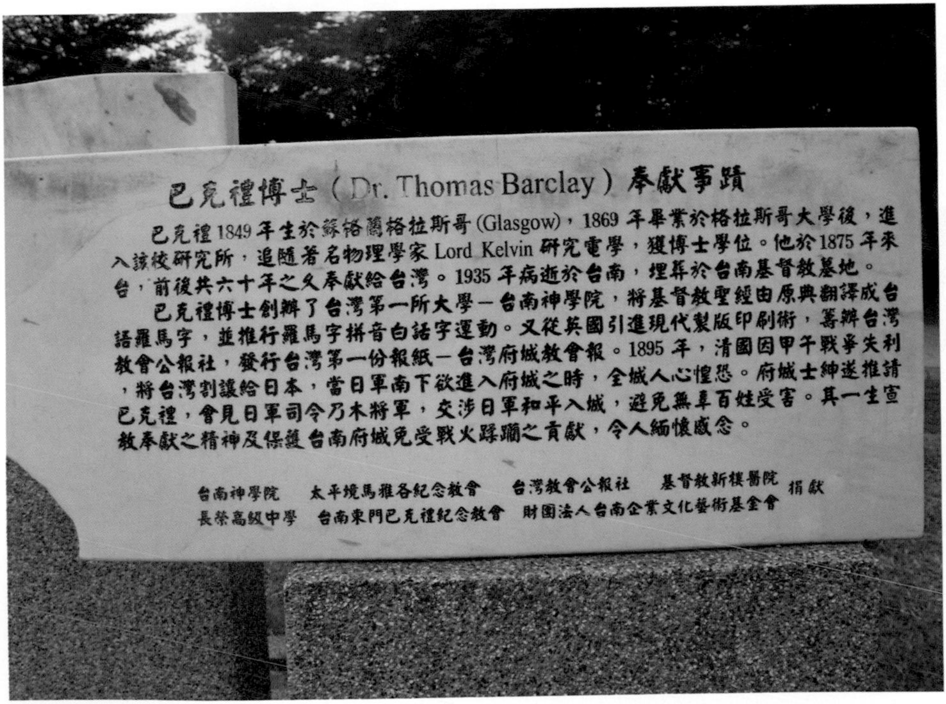
巴克禮博士（Dr. Thomas Barclay）奉獻事蹟
巴克禮1849年生於蘇格蘭格拉斯哥(Glasgow)，1869年畢業於格拉斯哥大學後，進入該校研究所，追隨著名物理學家Lord Kelvin研究電學，獲博士學位。他於1875年來台，前後共六十年之久奉獻給台灣。1935年病逝於台南，埋葬於台南基督教墓地。
巴克禮博士創辦了台灣第一所大學－台南神學院，將基督教聖經由原典翻譯成台語羅馬字，並推行羅馬字拼音白話字運動。又從英國引進現代製版印刷術，籌辦台灣教會公報社，發行台灣第一份報紙－台灣府城教會報。1895年，清國因甲午戰爭失利，將台灣割讓給日本，當日軍南下欲進入府城之時，全城人心惶恐。府城士紳遂推請巴克禮，會見日軍司令乃木將軍，交涉日軍和平入城，避免無辜百姓受害。其一生宣教奉獻之精神及保護台南府城免受戰火蹂躪之貢獻，令人緬懷感念。
台南神學院　太平境馬雅各紀念教會　台灣教會公報社　基督教新樓醫院
長榮高級中學　台南東門巴克禮紀念教會　財團法人台南企業文化藝術基金會
捐獻

圖22 巴克禮牧師碑文（置於臺南巴克禮紀念公園）

圖23　民間流傳之抗日英雄形象的劉永福圖

臺灣歷史上唯一的建國紀錄，因幾位重要領導人物一一內渡而瓦解。

他們的內渡其實是「回家」，劉永福因以為清朝廷要他留下來「堅守」而留在臺灣，後來確定清朝廷沒有要他堅守，離臺才是「盡忠職守」。

相對於唐景崧僅擔任十二天總統，臺灣民間普遍對留在臺灣長達四個多月的劉永福評價相當高，甚至有「抗日英雄」美稱（圖23）。如此看來，應是溢美之詞吧！

附註

1.此被稱之為乙未（一八九五年）戰爭。

2.請參見《被混淆的臺灣史》〈3.近代日本何時開始覬覦臺灣？〉。

3.原擔任臺灣幫辦軍務一職的廣東南澳鎮總兵劉永福，臺灣民主國成立時被任命為民主大將軍。當時致電唐景崧表示「願與臺共存亡」，唐景崧也稱劉永福「頗有同心」，但仍是一南一北駐守。唐景崧原委託正要赴任臺南道的區鴻基將官印交給駐紮恆春的劉永福，但區鴻基抵達彰化時，即接到臺北淪陷的消息，乃打消赴任臺南；所以劉永福並未接到「正式任命」。後來劉永福一切作為均以臺灣民主國將領的身分行事，明示他屬於臺灣民主國。

4.李春生，福建廈門人，一八六八年移民到臺北大稻埕經商，並擔任英商約翰・陶德所創寶順洋行的「總辦」，該期間也經營「三達石油公司」的煤油。李春生因推廣臺灣茶與煤油而致富，並逐漸於臺灣社會嶄露頭角。

5.辜顯榮選擇與日軍合作，以保全身家性命與財產，其家族自此發達。

6.日軍六月三日攻下獅球嶺後，並未馬上進入臺北城，而是派遣步兵大隊警戒臺北，於六月六日抵達水返腳（今汐止）。

7.請參見《被誤解的臺灣史》〈13.客家人的義民廟〉。

8.六月十二日派遣西鄉偵查隊南下新竹，遭遇為數不少的客家義民抗日軍抵抗而回。隨後六月十九日阪井支隊大舉南下新竹，分別在三角湧（今三峽）的隆恩埔（位於今臺北大學三峽校區內）、分水崙等地，遭到當地義民軍包圍伏擊，死傷多達數百人。二十二日，日軍前鋒部隊輕易占領竹塹城（今新竹），但臺北至新竹之間仍不斷受到客家義民軍襲擊。

9.關於邱逢甲在臺灣民主國的職位有不同的說法，當代學者多主張未設副總統，最具代表的是曾迺碩，他經過考證認為未設副總統，因擔任臺東直隸州知州的胡傳所寫日記未提到副總統。而當時隨李經方赴臺辦理割讓交接的美國顧問福士德，從馬士手中得到的報告書也未提到副總統。甚至連被任命為大將軍，同時是義勇統領這兩項說法都加以否認。另有江山淵、羅香林、黃昭堂等學者主張有設副總統。

本文採用前說。

10.請參見本書〈6.趕鴨子上架的「民主」總統〉。

11.按學者楊護源研究，邱逢甲是奉唐景崧命令在今桃園南崁巡迴守備，而他招募的義軍雖號稱一百四十營，但實際可能不滿十營，不但武器設備不足，也缺乏補給來源。

12.當林朝棟舉家內渡，被一些人批評他不能與臺灣共存亡。他曾說：不知自己為何而戰，也不願意成為日本統治臺灣政局下的次等國民，最後選擇將臺灣的家小安置回福建漳州。

13.最著名的詩即是「宰相有權能割地，孤臣無力可回天，扁舟去做鴟夷子，回首河山意黯然」。

14.清朝廷早在臺灣民主國成立之前就已發布禁輸令，成立之後，再度發布禁輸令。

15.蔡嘉穀原為臺灣知府，後來擔任駐廈辦理臺灣轉運局職務。

16.邊寶泉，漢軍鑲紅旗人，一八九四年任閩浙總督。

17.譚鍾麟，湖南茶陵人，一八九二年升任工部尚書，不久調任閩浙總督。

18.官銀票先由「護理臺南府正堂忠」一八九五年七月三十一日始發，但只流通一、二星期，便改由在外商公司擔任買辦的莊序端所主持之「臺南官銀錢票總局」於八月十九日發行，一般官銀票所指為此。兩次發行的官銀票除了可憑票流通，亦可憑票兌錢。官銀票以「一份三聯」形式發行，一聯存於知府，一聯存於官銀票局，另一聯則為流通之用，上有號數及年月日，蓋有臺灣總兵、臺南知府及辦理全臺防務總局的印，又有民主國之章。

19.事實上流通的範圍還是以民主國所在的臺南地方為主。

20.當易順鼎得知臺中陷落，日軍已到達他里霧（今雲林斗南）時，再度來臺，九月十五日在臺南登陸。但因劉永福無法接納他的用兵意見，九月二十四日又徒勞無功回大陸。雖然他的努力皆成泡影，但身為欽差大臣劉坤一幕僚，能夠親自渡臺，對孤立無援的抗日勢力是極大的鼓勵。

21.此人是吳質卿，四川人，曾任知縣。在日軍與新竹南方民軍激戰的八月三日渡臺，成為劉永福的文書官，與其他同僚替文盲的劉永福起草布告以及書簡。也參與發行紙幣、組織相當於團練的連莊，以及在鳳山募款等，貢獻斐然。由於財政狀況更加惡化，九月份受劉永福之命回渡大陸拜訪閩浙總督邊寶泉，並到南京請求張之洞給予援助，都沒有奏效。後來因劉永福已逃回大陸，他也因此留在大陸。

22. 這季節臺灣中南部多雨，軍隊若走陸路，不僅道路泥濘，東西走向的溪流也不利軍隊行進；若走海路，恰是臺灣西南季風盛行，也不利於船隻南下。而近衛師團剛從中國東北下來，氣候差別太大，許多士兵病倒或染上熱帶疫病。

23. 關於當時臺灣的瘴癘之氣，可參見《被混淆的臺灣史》〈1.福爾摩沙與瘴癘之地〉。

24. 按學者謝佳卿的研究，所謂「撤軍聖旨」應是子虛烏有，只因劉永福一直以未接獲撤軍聖旨為由而堅守臺南，而今決定撤軍，專使帶來聖旨的說法應該只是為了方便行事。

圖註

*圖18，引自費德廉、蘇約翰主編之《李仙得臺灣紀行》（二〇一三年，國立臺灣歷史博物館出版），第一〇四頁，「城牆上觀望嘉義城」（來源：早稻田圖書館 "Notes of travel in Formosa, plates" 照片簿）。

1895

- ■五月六日，日本獲得臺民反對割讓、準備抗戰的情報，決定動用軍隊接收臺灣
- ■五月八日，煙臺換約，《馬關條約》正式成立
- ■五月十日，任命海軍中將樺山資紀為臺灣總督，負責接收臺灣、澎湖
- ■五月二十一日，發布〈臺灣總督府假（臨時）條例〉，初步完成總督府組織
- ■五月二十九日，日軍從澳底登陸
- ■六月三日，獅球嶺與基隆一起落入日本手中
- ■六月六日，唐景崧、陳季同等搭乘亞瑟輪內渡大陸
- ■六月十一日，日軍進入臺北城
- ■六月十三日，劉永福抵達臺南
- ■六月十七日，日本在臺灣進行始政
- ■六月二十二日，日軍占領新竹城
- ■六月二十五日，樺山資紀勸降劉永福，但遭拒絕；劉永福透過邊寶泉向張之洞求援，被拒絕
- ■六月二十九日，臺南仕紳三次呈上「民主總統」官印，劉永福皆不接受
- ■七月二日，劉永福率親信兵丁五百人進駐臺南
- ■七月十一日、十七日，劉永福接連致書張之洞求援

大事記

- 七月二十日，張之洞致書總理衙門，言明不再援臺
- 八月十日，海關稅務司麥嘉林提案並負責執行下，於安平海關內設立郵局
- 八月二十三日，劉永福接到樺山資紀極盡好言好語的勸降信函
- 八月二十八日，彰化陷落
- 十月八日，劉永福與英領事胡力強會面提出想與日本議和
- 十月九日，日本攻下嘉義
- 十月十日，胡力強乘坐英艦將劉永福的議和信帶至澎湖給日本常備艦隊司令官
- 十月十二日，劉永福委託兩位外籍人士將議和信送交駐守嘉義的北白川宮能久親王
- 十月十五日，打狗陷落
- 十月十六日，劉永福再派人送議和信給日本南進軍司令長官高島鞆之助
- 十月十九日，劉永福內渡，臺灣民主國正式告終

8 日本統治臺灣的初體驗

你以為：日本人取得臺灣後很快就建立殖民者的威信
事實是：來臺日本人素質低落，造成臺灣人怨恨、輕視，抗爭不斷

中日簽訂《馬關條約》時，李鴻章（圖1）曾向日方代表伊藤博文（圖2）說：「臺灣是難治之地。」交接之際，全權代表李經方更說出「臺灣島民向來剽悍凶暴，是化外之民」，但日本還是堅持要臺灣，開始統治臺灣後，日本果然付出相當慘痛的代價。

雖然日本早從一八七四年牡丹社事件（圖3）開始，二十年間不斷對臺灣進行調查[1]。但直到占領臺灣後，日本對臺灣的認識還是相當有限。

首先，日本沒想到臺灣人抗日情緒如此激烈。登陸臺灣之後，遭到「臺灣民主國」[2]的抵抗，當時第一任臺灣總督樺山資紀（圖4）向伊藤博文報告說：「臺灣雖已是日本的新領地，

圖1　李鴻章
（攝於日本下關日清講和紀念館）

圖2　伊藤博文
（楊孟哲教授提供）

圖3　日本於牡丹社事件後留下的紀念碑
（楊蓮福先生提供）

圖4　首任臺灣總督樺山資紀
（楊孟哲教授提供）

圖5　北白川宮能久親王及奉祀他的臺灣神社
（楊蓮福先生提供）

圖6　首任民政長官水野遵
（楊孟哲教授提供）

但實際狀況卻與對外征戰沒什麼不同。」從日本登陸到宣告平定臺灣，花了五個月，征戰中死亡的臺灣人高達一萬四千多人，日本近衛師團長北白川宮能久親王也在戰爭中被殺傷後不治死亡[3]（圖5），日軍受臺灣的熱帶風土病所苦，戰死超過四千五百人。日本為統治臺灣，付出相當高的代價與成本。

為確立臺灣的統治制度，日本政府在取得臺灣當年六月設立了「臺灣事務局」直接隸屬於內閣總理，以伊藤博文為總裁，並雇用外國人做諮詢顧問。英國顧問卡庫德（Kirkwood），提出許多紀錄及意見書，對毫無殖民地統治相關知識的日本政府影響相當大，日本政府首次知道「殖民地」的名稱，就是來自卡庫德。

對於臺灣與日本應該是什麼樣的關係，卡庫德曾提出三種選擇模式：一是如同美國的「聯邦國」；二是如英國與印度等的本國與殖民地關係；三是如威爾斯、蘇格蘭般，是大英帝國的一「州」。三種模式中，卡庫德認為英國的殖民統治是模範，他以第二種模式為方向提意見給日本。

根據卡庫德所提出的「殖民地」統治原則，是「使其人民心悅誠服於政府」、「收入要多於支出」，也就是，抑制成本的同時，必須要獲得當地住民的認同。

不過，卡庫德提出意見之前的五月份，日本政府任命海軍大將樺山資紀為第一任臺灣總督兼軍務司令官，水野遵（圖6）為第一任民政局長兼辦理大使，協助樺山辦理有關接收臺灣的對外交涉。他們兩位被視為日本統治臺灣最合適的人選。樺山資紀代表日本海軍的南進論[4]，他在牡丹社事件時，曾為促使日軍征臺而親自冒險到大嵙崁、宜蘭、蘇澳、花蓮港以及瑯嶠等地區視察，並與臺灣原住民接觸，算是日本人中難得的「臺灣番地通」。水野遵曾在中國留學，精通中、英文，對法制有特別深的造詣，當一切措施必須重新開始時，正需要像水野這樣的文官和能吏，以奠定統治殖民地的基本架構。

日本開始統治臺灣時，為了消滅抗日勢力採取必要的武力，臺灣總督府定位為軍事組織，實施軍政，由武官擔任總督[5]，直到一九一九年才首次由文官田健治郎（圖7）擔任第八任臺灣總督。

任命武官為臺灣總督另一個考量就是統治的策略問題。日本統治臺灣第二年，臺灣總督府向當時首相松方正義提出〈臺灣之實況〉報告書中，舉出做為「臺灣施政方針」的兩個選擇：一是為了「國防上的必要」，將臺灣改造成「日本人的居住土地」，排斥臺灣島上居民，而大舉移殖日本人民；二是為了「開發富源」，應該安撫臺灣島的居民，利用其資本勞力。

由於《馬關條約》第五款定有兩年的緩衝期，讓臺灣人民可以選擇留在臺灣而被賦予日本國籍，或者賣掉不動產而明確宣示離開臺灣。由於很多漢人已在臺灣根深柢固，兩年後撤離比率只有一六%。

圖7　首位文官田健治郎擔任第八任臺灣總督
（楊蓮福先生提供）

圖8　第三任民政長官後藤新平
（楊蓮福先生提供）

〈臺灣之實況〉裡還提到：總督府預計在兩年緩衝期內，以殘暴的手段使臺灣住民受不了而離開，再從日本內地移民過來，將臺灣改造為「日本人的居住土地」。

或許正是這樣的想法，當時在臺灣的日本官員和憲兵、警察等有許多虐待臺灣人的行為，包括強占並破壞寺院及書院、挖掘臺灣人墳墓，侮辱與妨礙婚姻儀式，從一八九八年起五年內，據說有一萬多臺灣人被殺害或被處刑。

日本學者小熊英二說：當時住在臺灣的日本官吏，素質及道德相當低落。日本統治臺灣初期，臺灣向來與「瘴癘之地」、「瘟疫」和「瘧疾」等名詞畫上等號，到臺灣工作視同被「流放」、「降級」。臺灣總督府民政長官後藤新平（圖8）更說：「如果問要不要去臺灣，對方會立刻拒絕，並且嚇得腿軟」、「去了西洋的人二年或三年後回國，就能趾高氣揚；但

圖9　來臺灣的日本女人

（楊蓮福先生提供）

圖10　今日京都祇園的藝妓

（邱憶伶小姐提供）

轉任到臺灣後，便不再有升官的機會，反而會因為在臺灣待過，被認為是個沒用的人」，赴臺工作不受歡迎，優秀的人才不願來臺，而且人事異動相當劇烈。卡庫德來臺的觀察報告說：「幾乎每個警官都是契約一結束，就希望盡早回到日本，並利用在臺灣期間存筆錢。」

〈臺灣之實況〉報告書指出：日本在臺官吏缺乏職務經驗才能，且轉任頻繁，不熟悉職務，懶散怠惰，還常藉口生病逃避工作。當時請假的官吏達四分之一到三分之一，而且貪汙情況頻繁，勤奮工作的人極少。報告書還指出：官吏們或勾結商人，或威嚇壓制臺灣人，強行買土地和房子，藉各種方法累積財產。在這種情況下，日本人很難在臺灣建立統治者的威信。

另外，日本想將臺灣變成「日本人的居住土地」，就必須獎勵日本人移民，但移民的人通常是在日本無

圖11　臺北西門町
日本人一九〇六年拆除西門後，規劃為橢圓公園。其所在的西門町原是無人居住的荒地，日本人將此地建成男人的「尋歡」之處。圖片右下方有臺人力車正在前進中。
（楊蓮福先生提供）

法謀生的下層階級。住在臺灣的日本民間人士有一半以上和官吏勾結、行賄，貪圖不當利益。他們對臺灣人的態度惡劣，威迫壓榨訂定不合理契約，賤賣貨物，又把臺灣人看成畜生，任意謾罵、逞凶打人，招來臺灣人反彈。

日本人的這種態度，使臺灣人對他們憎惡怨恨，甚至輕視日本人，增加了日本人統治的困難，受到「輕視」更涉及帝國威望的問題。

特別是來臺灣的日本女人（圖9），據當時〈臺灣協會會報〉敘述：在臺北的日本婦人約一千三百人，其中有八百多人是娼妓、藝妓（圖10）和陪酒女郎，官員出入這些酒樓喝酒、戲女，醜態畢露，當地人看到之後產生「日本人果然是夷狄，即使談什麼文明，還是與生番一樣」的想法（圖11）。

日本人的娼妓問題使日本人的威嚴掃地，臺灣人嘲諷說：「日本人如果不與賣淫婦在一起，就無法經

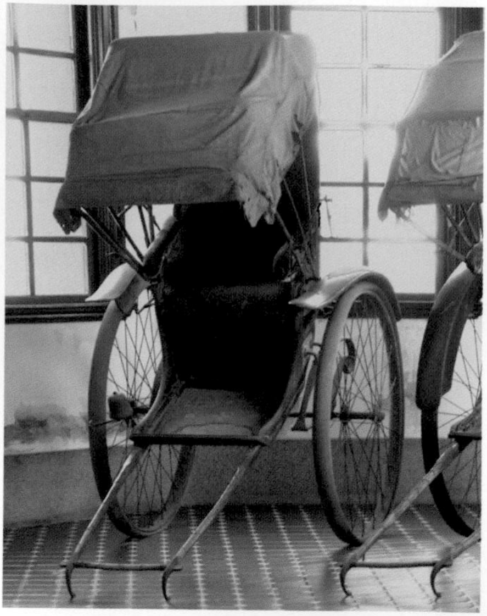

圖12　日治時期的人力車
（攝於鹿港文物館）

圖13　今在日本京都清水寺前的人力車伕
（顏少鵬先生提供）

營殖民地。」甚至有人說：「歐美人到海外發展的先驅之中，有舉著十字架的傳教士，而日本人的海外先驅卻是一群賣弄風情的娘子軍。」

另有日本人來臺當人力車伕（圖12、13），他們一方面以暴力欺侮一般臺灣人，一方面爭相對臺灣有力人士拉客。雖然日本以戰勝國之姿統治臺灣，現實生活中卻可見到「主從」顛倒的情況。這種現象同時出現在臺灣和朝鮮，一八九九年視察朝鮮的臺灣總督府官員水野遵指出：在朝鮮的鐵路，乘坐中等以上車廂的不是西洋人，就是朝鮮人，大部分日本殖民者都搭乘下等車廂。

當時日本媒體將這種情況形容為「臺灣是日本的人口垃圾場」。日本將貧困階級當作移民送到海外弱小國家，反而嚴重影響國家形象。

沒有優秀人才願意到臺灣，導致日本統治臺灣的手法笨拙，且官員瀆職事件層出不窮，引起臺灣人民持續抗爭，日本官吏更需要靠警力和軍力，重複著虐殺與掠奪，由於無法停止臺灣人的反抗行動，也造成四年間更換四任臺灣總督[6]。

統治策略一直沒有實際成效，地方機構也未確立，日本在臺灣的稅收根本無法支付所需費用，只好不斷追加補助。日本統治臺灣的第二年，對臺灣的補助占當時日本政府稅收的八·六%，第三年也達七·四%。

一八九七年預期臺灣財政將會出現大幅赤字時，松方正義內閣曾試圖在日本增稅卻失敗，終於在隔年初被迫總辭，當時新聞媒體攻擊此一統治上的失策，臺灣被形容成「內地國庫的一大負擔」、「母國的一大累贅」，據說因此出現以一億日圓將臺灣賣給歐洲國家的意見。

儘管如此，當時仍只有少數人主張放棄或賣掉臺灣。因為臺灣是日本在甲午戰爭後唯

圖14　日本近代化之父福澤諭吉
明治時期的思想家和教育家，武士出身，他極端主張要把臺灣人趕走，變成日本人的臺灣。（大地出版社提供）

一得到的領土，日本因三國干涉還遼，被迫放棄遼東半島，日本內部因而燃起國家主義，在這種情勢下，更不能放棄臺灣。

當時在帝國主義競爭下，日本占領臺灣，如同德國占有膠州灣以及俄羅斯取得大連、旅順，放棄臺灣已不只是經濟問題，還牽涉到面對歐美帝國的面子問題，水野遵、後藤新平都說過：「現今經營有一步差錯，不僅是恥辱，日本帝國的命運更是可想而知。」

日本近代化之父福澤諭吉（圖14）也說：「統治者的不檢點直接暴露了日本統治的困難，會被認為日本人終究沒有統治他者的能力。」所以「在施政上有必要加以斟酌」。〈臺灣之實況〉報告書更說：日本在臺灣的統治狀態會「使帝國政府的威信失墜，招致他國輕侮嘲笑」。

當時，日本是除了歐美列強之外，唯一經由與他國交戰獲得殖民地的國家，「殖民臺灣」——首次殖民地統治的成功與否，關係著日本是否能被視為「文明國」，以及能否撤除中日甲午戰爭發生前與歐美國家簽訂的不平等條約。因此，當日本面對歐美人時，也需要建立身為「文明國一員」的威信。福澤諭吉提出警告說：若對臺灣野蠻的統治實態置之不顧，在「世界人道」與「文明」的名義下，將會招來歐美政治或軍事干涉的可能性。

雖然日本相當在意歐美人士的看法，但仍重複著對臺灣人的殘虐行為，而在臺的歐美人士就成了歐美系新聞報導的來源。後藤新平認為臺灣統治的失敗不單是恥辱，更關係著日本帝國的未來。究竟臺灣的狀況要如何解決呢？

繼松方正義因「臺灣財政出現破綻」而總辭後，再度成為首相的伊藤博文，一八九九年三月，集結政府各部首長，聽取一年前才到臺灣視察的英國顧問卡庫德報告。

卡庫德說：日本在臺灣的統治既無法獲得當地住民信服，也無法抑制支出成本。日本官吏完全不瞭解臺灣的語言與習慣，他到臺灣視察時看到，臺灣人前來通報有抗日武裝團體時，當場將近二十名巡查和憲兵，沒有一個人聽得懂，完全無法應付。此外，醫院裡也幾乎沒有懂臺灣語言的醫師，憲兵占領宗教聖地或宮廟、強行要求監獄收容者吃日本食物或行日本式禮儀等，當然無法獲得臺灣人的信任。

關於臺灣與日本關係的定位，除了卡庫德提出的「殖民地論」，還有一個論點是後來擔任日本首相的原敬所提出偏向「同化論」的觀點，他認為日本和臺灣人外觀相似，且兩地

圖15　英國人筆下的日本人形象
一八九四年英國倫敦報上的日本人形象，小小的、矮矮的，跑到瓷器店欺負中國人。（大地出版社提供）

交通便利，都有形成國民國家的條件，建議應將臺灣變成日本「真正的一縣」。這種想法相當程度影響了原敬擔任首相時期（一九一八到一九二一年）的臺灣策略，當時日本首次派文官擔任臺灣總督。

「同化論」又是如何發展呢？當時日本的大眾媒體指出：統治臺灣在經濟上雖是完全失敗，但如果臺灣成為日本帝國南進的跳板，花費千萬也值得。在這個觀點下，認為應將臺灣全然「日本化」。

當時日本人有一種自卑心態。面對歐美國家時，日本人自認在「文明」和「科學技術」或者經濟開發力上都居於劣勢；即使面對中國，也自覺沒有什麼可誇耀的。日本人平均體型比歐美人，也比漢人和朝鮮人矮小得多。水野遵視察中國與朝鮮後指出：「日本人談到戰勝國的文明，人民經常非常自豪，這真是羞恥，就像矮小的男生戴著鴨舌帽，得意洋洋地走路，我們自己看就覺得可笑，更何況

圖16　首任學務部長伊澤修二
在日本取得臺灣的當年底，就希望藉由教育將臺灣人改造為「日本人」。（攝於臺北芝山巖）

外國人看起來，就像是劣等動物居然走起路來。」

另外，日本政治及教育學家新渡戶稻造表示：「我國軍人的腿短、身體顯長，只有頭大，真可說是不好看。」（圖15）在承認這些「弱勢」之下，水野遵和新渡戶稻造一致主張日本最大的優勢就是「萬世一系的天皇」與「日本精神」（大和魂）。

究竟是將臺灣視為「殖民地」或「日本的一縣」？這種猶豫不只出現在當時的意見書與論壇中，更存在於臺灣總督府的官吏們之間。日本統治臺灣第二年，總督府高等法院院長高野孟矩提出的意見書，即主張「逐漸使臺灣人民日本化，讓臺灣人心充滿忠君愛國，使臺灣成為日本西南的屏藩保障」。

臺灣總督府首任學務部長伊澤修二（圖16）在日本取得臺灣的當年底，就希望藉由教育將臺灣人改造為「日本人」：「在維持新領土的秩序上，以威力征服其外形的同時，應另征服其精神，也就是使其日本人

化。改造他們的思想界與日本人的思想同化，必須使他們成為完全同樣的國民，而征服精神即是普通教育的任務。」（圖17）

日本該將臺灣視為「殖民地」或「日本的一縣」？概念一直不是很確定，因而造成政策不穩定，也使統治臺灣之路崎嶇難行。臺灣民主國結束之後，日本表面上雖「平定」臺灣，但各地仍有大大小小各種游擊抗日運動，使日本人疲於奔命。直到日本統治臺灣二十年，還發生大規模的漢人武裝抗爭西來庵事件[7]，甚至到了一九三〇年，仍爆發原住民抗日的霧社事件[8]，直到統治結束，臺灣人終究無法誠心順服日本人。

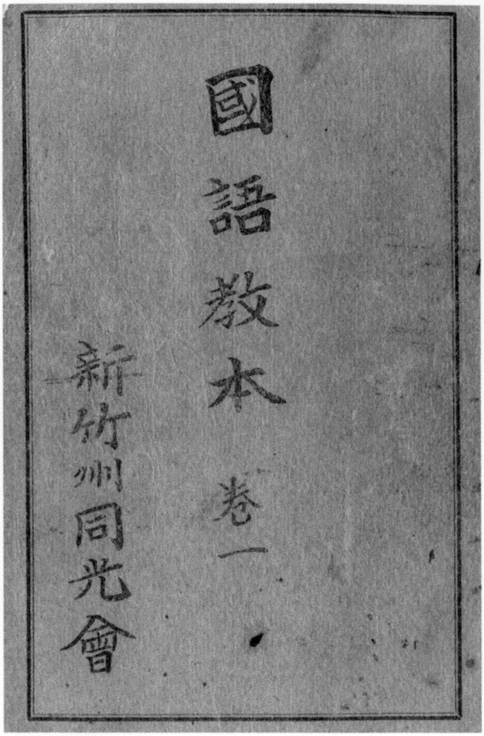

圖17　皇民化時期給一般民眾學習的「國語」教本（楊蓮福先生提供）

附註

1. 請參見本書〈4.臺灣為何讓日本人虎視眈眈？〉。
2. 請參見本書〈6.趕鴨子上架的「民主」總統〉和〈7.臺灣民主國如何滅亡？〉。
3. 關於北白川宮能久親王的死因，按日本官方記載，是因染霍亂致死；另亦有染瘧疾之說；但臺灣各地包括新竹、苗栗、大甲、彰化、雲林、大林、義竹、鹽水、佳里、善化等，都有能久親王死於該地義軍之手的傳說。
4. 請參見《被混淆的臺灣史》〈11.日治時期的兩岸關係〉。
5. 請參見《被混淆的臺灣史》〈11.日治時期的兩岸關係〉之「歷任臺灣總督表」。
6. 計有樺山資紀、桂太郎、乃木希典、兒玉源太郎等四人，請參見《被混淆的臺灣史》〈11.日治時期的兩岸關係〉之「歷任臺灣總督表」。
7. 西來庵事件，又稱余清芳事件、玉井事件、噍吧哖事件，發生於一九一五年七月六日至隔年四月止，領導人為余清芳、羅俊、江定等人，是臺灣日治時期諸多起事之中規模最大、犧牲人數最多的一次，同時也是臺灣人第一次以宗教力量抗日的重要事件，更是臺灣漢人史載最後一次大規模武裝抗日。
8. 請參見《被混淆的臺灣史》〈6.吳鳳與廖添丁〉。

大事記

1895 ■四月十七日，《馬關條約》簽訂

■五月十日，日本政府任命海軍大將樺山資紀為第一任臺灣總督兼軍務司令官

■五月二十九日，日軍登陸臺灣，臺灣民主國抗日行動正式展開

■六月，日本內閣總理設立「臺灣事務局」，並聘英國人卡庫德為顧問

■十一月八日，日軍宣布平定臺灣

1895–1902 ■十二月臺灣人展開游擊抗日行動

1896 ■臺灣總督府高等法院院長高野孟矩提出意見書主張將臺灣同化於日本

1899 ■因臺灣財政出現破綻，內閣總理松方正義辭職，伊藤博文再度成為首相

1907–1915 ■臺灣陸續發生十三起小規模抗日事件，其中以一九一五年的西來庵事件規模最大

1930 ■爆發原住民抗日的霧社事件

9 被扭曲的臺灣歷史課

你以為：日治時期日本人只是從臺灣掠取資源
事實是：日本進一步改造思想，讓臺灣人以為自己是日本人

直到如今，仍有不少日治時期出生成長的「臺灣阿公阿嬤們」，動不動就說「我是日本人」，不禁讓人好奇，日本人統治臺灣五十年間，究竟如何讓臺灣人誤以為自己是日本人？

日本明治維新（一八六〇年）後，積極模仿西方，建立了近代日本的國民教育制度。但日本領有臺灣初期，並未確立教育的根本方針，當時因官民語言不通，總督府對教育的當務之急是「教臺灣人說國語（日語），教日本人說土語（閩南語）」。

最先是由學務部長伊澤修二於一八九五年六月在臺北芝山巖（圖1、2、3）設立學堂，當

圖1　位於臺北士林芝山巖惠濟宮

圖2　芝山巖惠濟宮今貌

伊澤修二積極在日本招募老師來臺，共招募了六位。一八九五年七月十二日，因應八芝蘭（今士林）一帶文教氣息濃厚，臺灣總督府學務部特地從大稻埕遷至芝山巖惠濟宮，並於該宮後殿開設芝山巖學堂招募國語傳習生，該地因此被稱為日治時期的「全臺教育發祥地」。國語即指日語，而傳習生的任務即擔任推廣普及日語的責任。開始招生至九月二十日止，共招臺灣本島人二十一名，分甲、乙、丙三組，於惠濟宮後殿內，由老師教授傳習生日語。

圖3　惠濟宮的「開校十周年紀念碑」

試教臺灣人說日語，由於臺灣人主要講閩南語，也沒有懂日語的人，能通北京話的日本翻譯人員在臺灣根本派不上用場。學務部於是建議設立「國語（日語）傳習所」，培養翻譯人員。

雖然一八九五年底發生芝山巖學堂日籍老師被殺的事件（圖4、5），臺灣總督府仍繼續普及日語的施政重點，隔年[1]設置國語（日語）傳習所，教臺灣人日語。將學生分為甲、乙兩科：甲科是為了讓學生在最短時間內學會日語，只要修業半年，對象是十五歲到三十歲之間、具備普通知識（指已學習四書五經等）者，學習國（日）語以及初步的讀書、作文。

乙科學生對象是八歲到十五歲，修業四年，除了國（日）語，兼修讀書、作文、習字、算術。另外可根據各地情況，添加地理、歷史、唱歌、體操任一科或數科，也可以為女學生增加裁縫科目，這時出現的「歷史」科目，只是選項之一。

圖4　學務官僚遭難碑今貌

一八九五年十二月三十一日，六位任教芝山巖學堂的老師本想前往臺北城總督府（時為日治初期，總督沿用欽差行臺辦公，即今臺北中山堂附近）慶祝元旦，中途遭遇臺北城內動亂，決定返回學校，不料途中遇到反日的數百名鄉勇，慘遭斬首殺害，史稱芝山巖事件。日方當局並於同年七月設立「學務官僚遭難碑」。

圖5　六氏先生

芝山巖事件中被殺害的六位老師，即楫取道明、關口長太郎、中島長吉、井原順之助、桂金太郎、平井數馬。（楊蓮福先生提供）

因國語傳習所成效很好，一八九八年臺灣總督府再發布「臺灣公立公學校規則」、「臺灣公立公學校官制」與「公學校令」，明定以中央或地方的經費開辦公學校（圖6、7）。

公學校是六年制，就學資格是八歲以上、十四歲以下的臺籍兒童，教授科目包括修身、作文、讀書、習字、算術、唱歌與體操。目的是對臺灣人子弟「施德教，授實學，以養成國民性格，同時使精通國語」。其中「施德教」與「養成國民性格」都是使臺灣學生成為忠貞順服的「日本國民」，而「授實學」、「精通國語」則是訓練臺灣學生具備生活的技術能力，以協助開發資源。

五年後公學校規則又修正，目的和之前差不多：教臺灣兒童國語及生活上必需的普通知識技能，並養成國民性格。教授科目有日語、修身、算術、漢文、體操，女學生增加裁縫課，九年後又加入手工及圖畫、商業與唱歌等。

至於臺灣原住民，直到一九一四年才另外頒布「（原住民）公學校規則」，只要念四年，連課程、教科書等都和一般公學校不同。

而中等以上教育，因設施不完備且欠缺制度，只先後設立修業三至四年的國語學校，以培養初等教育師資；修業五年的醫學校，以造就醫事人才；修業半年至兩年的農事試驗場及糖業講習所，以及修業三年的工業講習所等，作為職業教育機關，以訓練初級技術人員。

來臺日本人的子弟則另設小學校、中學校，教育內容與日本國內相同；另各設工、商

圖6　公學校學生上課情形（1）
（楊蓮福先生提供）

圖7　公學校學生上課情形（2）
（楊蓮福先生提供）

圖8　臺中一中今貌

一九一四年，臺灣仕紳林獻堂等人鑑於一般教育僅至「公學校」及「國語學校」的國語部，又以學習日語為主，因此希望創辦一所專供臺灣人就讀的中等學校。在林獻堂倡導下，霧峰林家出資最多，各地富賈如辜顯榮（鹿港辜家）、林熊徵（板橋林家）、顏雲年（基隆顏家）、陳中和（高雄陳家）等人都慷慨捐資。建校經費籌足時，總督府卻不願讓臺灣人創立自己的中等學校，遲遲不核准設校申請案，最後的妥協方案是由林獻堂等人將建校資金捐贈給總督府，一九一五年由總督府創辦公立「臺中中學校」，即今「臺中一中」前身。日治時代，臺灣總督府在主要城市設立中學，日本人多就讀「一中」，臺灣人則就讀「二中」，唯獨「臺中一中」例外，以臺灣學生為主，日本子弟則就讀「臺中二中」。臺中中學是結合全島仕紳為臺灣人爭取教育權而成立，帶有民族運動色彩，是民族運動第一聲。

圖9　遭塗鴉的臺中一中創校史碑
（攝於臺中一中校門口）

業職業學校一所；醫學校附設醫學專門部，為日本人子弟的高等教育機構。

這個時期臺灣人子弟所接受的教育與日本人子弟不同，日本對臺灣人教育的唯一目的，是「國（日）語的普及」。

到了第一次大戰發生當年，以林獻堂為首的臺灣仕紳們，受到梁啟超與日本「自由黨」的影響，有了對抗臺灣總督府的意識與行動。先是為消除日本人對臺灣人的差別待遇，在臺北創立「臺灣同化會」，雖然不到兩個月就被解散[2]，臺灣仕紳的運動反而更加擴大，為了爭取臺灣人的教育權，在仕紳們請願及捐資下，一九一五年，四年制公立臺中中學校（今臺中一中）（圖8、9）正式開學。

圖10　明石元二郎墓全景舊照
原葬於今臺北林森公園，現已遷葬至新北市三芝基督教墓園。（攝於臺北林森公園）

當時已有不少轉往日本留學的臺灣菁英，他們在日本受到中國革命成功的激勵，並接觸到世界新思想，如美國總統威爾遜（Thomas Woodrow Wilson）提倡的民族自決主義，以及日本的民主主義、自由主義。臺灣留學生開始在日本為臺灣人民爭取權益，一九一七年，林獻堂在東京集結數十名留學生，提出廢除讓臺灣總督同時擁有行政、立法、司法三權的「六三法」[3]，隔年成立「啟發會」，擁林獻堂為會長。

一九一八年六月上任的臺灣總督明石元二郎（圖10、11、12）鑑於當時情勢，提出以同化主義做為對臺施政方針[4]，並於隔年發布第一次臺灣教育令（圖13），是日治時期臺灣教育發展的里程碑，總督府在臺灣推行教育從此有了法令依歸。按學者蔡蕙光研究，臺灣教育令中以臺灣人民文化程度不足為由，採用與日本人有差別的教育方式。

此時，日本國內的政治生態有了改變，一九一八

圖11　明石元二郎原墓塚前之「鳥居」
左邊較大者屬之，立於臺北林森公園。

圖12　明石元二郎逝世一周年紀念明信片
日治時期第七任總督，唯一一位於任內逝世及葬於臺灣的總督。（攝於臺北林森公園）

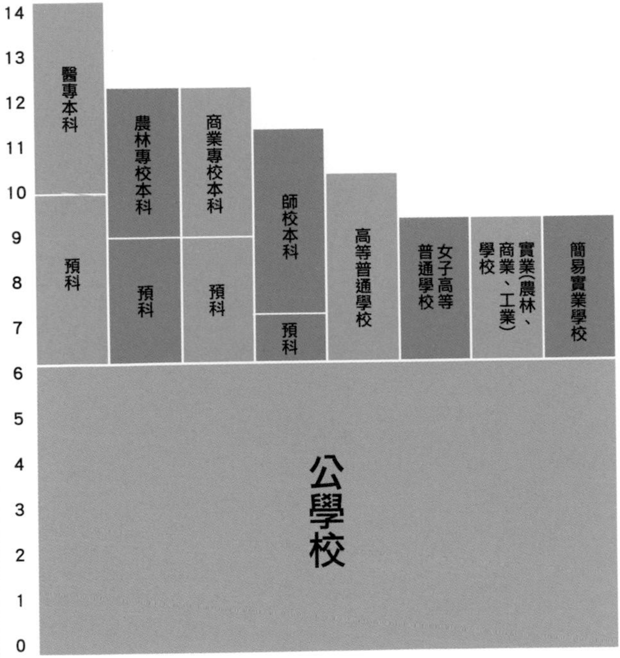

圖13　一九一九年「臺灣教育令」
共分為六章三十二條及附則，各級教育機關系統至此完整建立。第一條開宗明義：「在臺灣之臺灣人之教育根據本令。」確定公學校修業年限為六年，就學年齡規定滿六足歲。中學則改稱「高等普通學校」，可加設一年制「師範科」用來培養公學校師資，入學資格為「六年公學校畢業或同等學歷」，修業年限四年。但日本人的教育還是直接依據日本內地法令辦理，且臺灣人的教育制度仍比日本人的同級學校程度低，形成了雙軌型態。

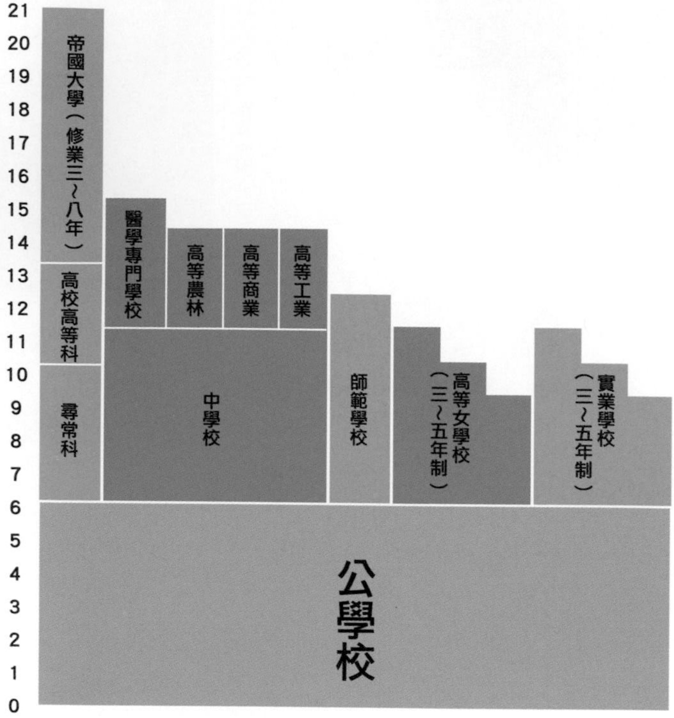

圖14　一九二二年「新臺灣教育令」

明訂中等以上教育機關（師範學校除外）取消臺、日人差別待遇及隔離教育，開放共學。此後，臺灣中等以上教育機關比照日本國內制度設立，除在各地增設中學校、高等女學校、職業學校及職業補習學校等之外，另創立七年制高等學校（大學預備教育機關）一所，原各實業專門學校改制為三年制高等農林、商業及工業學校，以及四年制醫學專門學校，專收中學畢業生，並於一九二八年設立臺北帝國大學。

年九月原敬內閣成立，推行符合現代民主的政治體制與政策，被稱為「大正民主時期」[5]。隔年派出第一位文官臺灣總督田健治郎，他與原敬談妥，以同化政策為統治的基本方針，抵達臺灣後，正式向府內官員發表，同化政策的精神是將臺灣視為日本內地的延長，目的是使臺灣民眾成為日本臣民，效忠日本朝廷，加以教化善導，以涵養其對國家之義務觀念。

因此，一九二二年頒布的「新臺灣教育令」（圖14），取消日、臺差別待遇，以同化為教育方針。為實現同化的理想，讓臺灣學童學日本歷史，歷史課程從此成為公學校的教學科目。

公學校歷史課程使用的教科書，是由臺灣總督府文教局編寫，名為「公學校用日本歷史」，分上、下卷，編在公學校五、六年級課程中，刻意去除臺灣人民過去的中國歷史，以日本歷史取而代之。

教材內容首先是教育臺灣小學生認識日本「國體」，按學者蔡蕙光研究，教科書以神統治時代是日本「國體」的奠基史，交代了天皇統治國家的歷史來源。天皇形象為對人民慈愛、勤勉於政治，又有武功。臣民則竭力對天皇忠誠，忠臣具有武勇精神，賢良臣子更以著作來宣傳尊王的意義，天皇與臣民的共同特色即是擁護「國體」。

依此「國體」形成的對外關係，外國文化並非取代日本文化，而是增添日本文化的豐富性；在戰爭方面，外國從未成功侵犯日本，而日本因對外戰爭的勝利而使「國威」提升，更證明日本「國體」的優秀，學童應秉持日本精神，致力於「東亞和平」。

當時學習的是日本歷史，臺灣歷史在教科書中相當少，只有與日本有關才會被提到。例如〈豐臣秀吉〉一課，特意寫到豐臣秀吉平定日本後，特意派使者到菲律賓、臺灣，要求交流。主要表示日本與臺灣早有交往，使臺灣學童對日本更有親近感。

〈德川家光〉一課敘述日本人到臺灣的同時，才有明朝人來到，就發現臺灣的意義來說，日本與明朝不分軒輊。之後發生濱田彌兵衛「懲罰」荷蘭人的事件，暗示日本在臺灣具有相當權力。

〈明治天皇〉一課提到牡丹社事件，強調清朝苟且的心態，並未積極伸張對臺灣的主權；又敘述臺灣被割讓給日本的過程，及日本經營臺灣的苦心，由於臺灣有不明是非的人，只好派遣北白川宮能久親王前來平定，親王即使生病，仍顯現堅定的決心；天皇病倒時，臺灣人民「感念」天皇之恩澤。

在這樣的歷史觀下，臺灣歷史成為日本國家發展史的一部分。

一九三一年發生九一八事變，日本宣稱中日戰爭自此開始[6]，這時對臺灣人的歷史教育更形重要，一九三三年臺灣總督府重新修正臺灣公學校規則，將「日本歷史」改為「國史」[7]，課程內容特別重視近世史。按學者蔡蕙光研究，臺灣學童雖然和日本學童一樣學習「國史」，但臺灣公學校使用的國史教科書仍由臺灣總督府出版（圖15），針對臺灣學童而設計。

中華民國的歷史是以一九三七年的盧溝橋事件[8]為對日抗戰的序幕，中華民國決心一戰，日本也宣布了動員令。臺灣是日本殖民地，也進入戰爭動員時期，總督府於是在臺灣推行皇民化運動，以教育臺灣人成為日本人，塑造出臺灣人與日本人共同參戰的意識，也就是，中國與日本敵對之際，臺灣人卻被教育成為「日本人」對抗中國。

皇民化運動一方面從語言、風俗等生活改造，加速臺灣人的日本化；另一方面藉由教

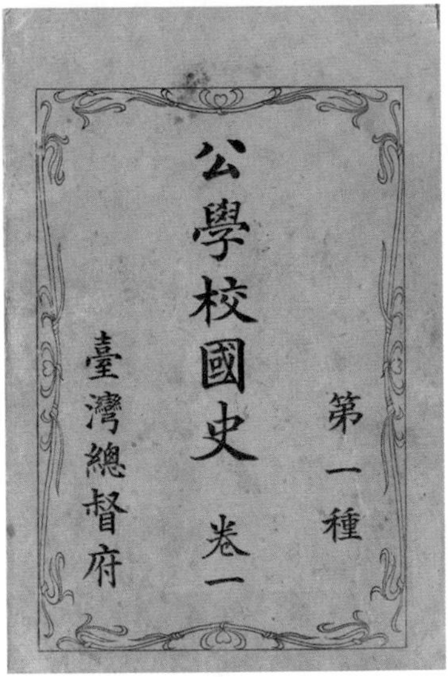

圖15　公學校國史課本封面
（楊蓮福先生提供）

目錄

御歷代表

目錄　一

公史一

圖16　從公學校國史目錄中顯示課程中「天皇」的單元極多
（楊蓮福先生提供）

育方式，使臺灣人從裡到外像日本人。如此一來，臺灣人感覺地位被「提升」，被「認為」是日本人。日本官方將中日戰爭解釋成「聖戰」，是為求得東亞的和平，同為日本人的臺灣人也應共同努力，因戰爭氣氛環繞，此時臺灣學童對學習的「國史」更有切身感。

臺灣總督府刻意在此階段，利用教科書營造出歷代天皇（圖16）為國家與國民費盡苦心的形象，同時彰顯天皇統治國家的特質，而天皇付出心力的對象不只是日本，也包括了東亞國家。中日戰爭時期，日本政府持續明治天皇對東亞國家的「關注」，在戰爭中繼續開拓天皇的盛業，而國民感念天皇慈愛之餘，進一步為了天皇在戰爭中奉獻心力。

課程中增加了〈靖國神社〉課文，靖國神社是根據天皇的意思而建立，祭祀維新前後至昭和年間，在戰爭或是國家事變而犧牲生命之忠節臣民，不論身分與職業，都被視為護國神加以祭祀。

又另外增加日本與外國往來的歷史，描述曾有新羅[9]國王稱日本為「神國」、日本兵為「神兵」，所以「凡人不可抵抗」；蒙古曾要攻打日本（圖17），被「神風」擊敗。以「國體」的角度來看，此時教科書中明確指出日本國體屬於「神性」。

此時期教科書中的臺灣史部分，更是強化日本取得臺灣的歷史淵源，支持「日本統治臺灣的正當性」。提到豐臣秀吉派使者到臺灣，並說臺灣無政府，不歸任何政權所有；寫到鄭成功趕走荷蘭人，刻意寫出他母親是日本人，以拉近日本人和臺灣人的距離；提到牡丹社事件時，西鄉從道授予臺灣原住民國旗，具有濃厚宣誓忠誠的意味。

談到一八九五年以後的臺灣，課文的敘述導引至皇民化的道路。詳盡描述北白川宮能久親王對臺灣所付出的心力，更強調臺灣人民相當懷念親王，而明治天皇期望臺灣能與日本一樣開化，臺灣人民也成為出色的國民。教科書中還提到一九三五年新竹、臺中發生地震後，臺灣人受到天皇的關愛，使人民對皇室之仁慈記憶猶新。

一九三七年國民精神總動員開始之後，日本軍部與財政界強烈要求教育改革。同年，日本政府設置了教育審議會，四年後，日本政府根據教育審議會報告而公布「國民學校令」，規定日本學童讀的小學校和臺灣學童讀的公學校，都改名為國民學校[10]，並提到教育的學習

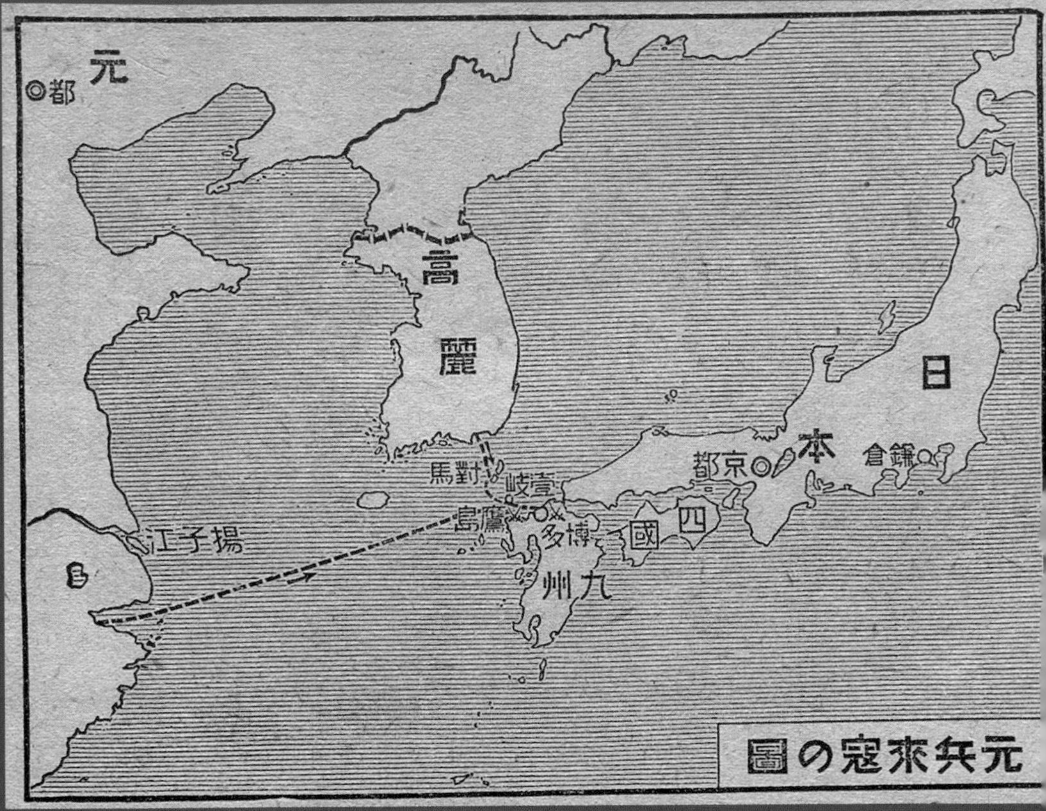

圖17　國史課本中畫出中國元朝（蒙古）攻打日木的地圖

蒙古軍隊在當時橫掃歐亞洲，攻打日本卻失敗，日本因而傳說蒙古軍是被「神風」打敗，日本更產生了有「神助」的自信心。（楊蓮福先生提供）

目的在於「修練皇國之道而對國體有更深的信念」。戰爭時局下，知識與教育的實踐就是瞭解戰爭的意義，而為國家奉獻。

真正反應「皇國之道」教育原則的教科書，是日本文部省在一九四四年出版的《初等科國史》。按學者蔡蕙光研究，此書出版時已是中日戰爭末期，編寫時集結了日方高漲的情緒，全書的日本歷史都環繞著「大日本是神國」的命題，說日本有「神國」特質，受神庇佑，是所向無敵的。

在對外關係史上，《初等科國史》與過去教科書最大的差異是建構以日本為中心的世界史，就是「東亞共榮圈」、「東亞新秩序」的概念，例如，盧溝橋事變發生的原因，是日本為了「導正中國之不法，防止其鬧事」，才派出軍隊懲罰中國。

更因處於戰爭時期，課文強調全體軍民效忠國家，為天皇而戰死，超越了死亡的可怕，成為浪漫唯美的意象「即使肉體死亡腐爛，大和（日本）精神也永遠不滅」。更明白告訴學童，「敵人若朝你而來，應該捨去性命而保全忠心，這是你最重要的孝心」，應義無反顧，盡心盡力（圖18）。

此時期的臺灣人已被「認為」是日本人，臺灣學童與日本學童一樣使用《初等科國史》。其中，臺灣史僅有濱田彌兵衛「懲罰」荷蘭人之事，以及甲午戰爭、北白川宮能久親王平定臺灣、臺灣「沐浴」皇化等簡短記述，臺灣史已消融在日本為大東亞戰爭而建構的歷史

圖18　臺灣青年與日本的「神風特攻隊飛機」

在這樣的歷史教育下，臺灣青年願意投入日本軍，為日本而戰，甚至犧牲生命，就一點都不奇怪了！（楊蓮福先生提供）

當中了。

身為歷史老師，我常問學生一個問題：「學校到底是要把你教聰明？還是要把你教笨？」課堂上，當我們的教育仍堅持以所謂的「課本」為依歸和答案時，不懷好意的統治者就可以藉此將被統治者揉捏成他們所想要的樣子！

真實的「歷史」該是什麼樣子？在日治時期臺灣小學生的歷史課中找不到！而當真實的歷史不在「課本」裡，又該在哪裡呢？

附註

1.分別於一八九六年三月三十一日，公布臺灣總督府直轄諸學校官制；五月二十一日發布國語傳習所名稱、位置，設置臺北、淡水、基隆、新竹、宜蘭、臺中、鹿港、苗栗、雲林、臺南、嘉義、鳳山、恆春、澎湖島共十四所；六月二十二日，發布國語傳習所規則。

2.請參見《被混淆的臺灣史》〈8.放小腳〉、〈9.剪辮子〉。

3.一八九六年三月三十一日，日本國會公布法律第六十三號「應於臺灣施行法令相關之法律」，簡稱「六三法」。在日本，立法是帝國議會的權力，只有天皇可以發布緊急命令代替法律；然而在臺灣，總督是最高決策者，臺灣總督府雖受日本中央政府監督，但臺灣總督始終集行政、司法、立法三權於一身，甚至一度擁有軍事權（武官總督時期），他的命令就是法律（律令），大權在握，不受制約，臺灣人稱為「土皇帝」。

4.一般學者認為同化主義是由首任文官總督田健治郎提出，但學者馮佳雯研究指出應是由武官總督明石元二郎所提。

5.在日本大正年間為政治史上劃時代的事件，原敬領導的政友會是當時眾議院中相對第一大黨，他擔任首相標誌著由多數國民支持的政黨組閣的制度實現了，從此出現政黨內閣。這段期間，日本內閣多為政黨政治的互動，內政上以民意所趨為主，外交則採取對中國內政不干涉、日蘇友好等策略，被稱為大正民主時期。

6.九一八事變，又稱滿洲事變，指一九三一年九月十八日日本軍隊以中國軍隊炸毀日本修築的南滿鐵路為藉口而占領瀋陽。事變爆發後，日本國會和內閣總理大臣權力下降，日本軍部主戰派地位上升，激化中、日矛盾，日本全面侵華。幾年之內，日本關東軍占領中國東北全境。

7.歷史課改名為「國史」，是文部省大臣岡田良平（一九一六至一九一八年任職）所提倡，他認為以「日本歷史」為名只將日本史與外國歷史置於等同地位；日本的歷史教學有其獨特之處，即「知曉國體之大要，並培養國民之志操」，以「國史」為名才能突顯此特色。

8. 盧溝橋事變，又稱七七事變，發生於一九三七年七月七日，為抗日戰爭全面爆發的起點，也象徵第二次世界大戰亞洲區戰事的起始。一九三六年十二月十二日西安事變後，國、共兩軍結合成抗日民族統一戰線。次年七月七日，日軍在北平附近的宛平縣進行軍事演習，夜間日軍以士兵失蹤為藉口，要求進入宛平縣城調查遭拒，日軍於七月八日凌晨向宛平縣城和盧溝橋發動進攻，國軍起而抵抗。

9. 新羅（西元前五七年～九三五年）為朝鮮歷史中的國家之一。

10. 雖然都稱為「國民學校」，但以第一號表學校，指「小學校」；第二號表學校，指「公學校」；第三號表學校，指「原住民公學校」。

1895 ■六月二十六日，在臺北芝山巖設立學堂，首度嘗試對臺灣人教授日語

1896 ■設立國語傳習所

1898 ■八月十六日，再行發布「公學校令」設立公學校，實施初等教育

1903 ■臺灣民政長官後藤新平演講時，明確提到公學校設立的唯一目的就是「國語的普及」

1912 ■公學校的教學科目加入手工及圖畫、商業與唱歌

1914 ■總督府另頒「（原住民）公學校規則」
第一次世界大戰爆發
林獻堂在臺北創立「臺灣同化會」

1915 ■臺灣同化會被解散
五月，林獻堂等仕紳請願捐資的臺中中學校開學

1918 ■林獻堂在東京成立「啟發會」
新上任臺灣武官總督明石元二郎改以同化主義做為對臺施政方針
九月，日本原敬內閣成立，開啟「大正民主時期」

1919 ■發布第一次臺灣教育令
十月，田健治郎就任為臺灣首位文官總督

1922 ■頒布「新臺灣教育令」第二項第二點規定「在教學科目中加入日本歷史」

1931 ■九一八事變，日本所稱中、日戰爭自此開始

1933 ■十二月十二日，臺灣總督府將「日本歷史」改為「國史」

大事記

1937 ■發生盧溝橋事件，日本宣布動員令，殖民地臺灣隨之進入戰爭動員時期

1941 ■日本政府公布「國民學校令」，日本學童讀的小學校和臺灣學童讀的公學校，都改名為國民學校，國史教科書仍沿用總督府出版《公學校國史》

1944 ■臺灣人和日本人都以文部省出版的《初等科國史》做為歷史教科書

10

隨政府播遷來臺的「國父」

你以為：孫中山因推翻滿清而被稱為「國父」？

事實是：國民黨在孫中山逝世後，刻意且有步驟的為他建立「國父」地位

「我們國父，首創革命……」這首自國民黨統治臺灣之後的〈國父紀念歌〉，是許多臺灣人成長過程中鮮明的記憶。如果問：「國父是誰？」大家一定不假思索回答：「孫中山」（圖1）。這樣的「理所當然」是如何形成的？特別當一九四九年中國國民黨退守臺灣，在歷史現實下，僅能統治「臺、澎、金、馬」地區，如何為這位臨終時喊著：「和平！奮鬥！救中國！」（圖2）的「偉大國父」在臺灣建構形象呢？

孫中山雖在一九一一年領導革命推翻滿清，建立中華民國，但被尊稱為「國父」，卻是十四年後三月十二日他北上和談期間[1]因膽囊炎[2]病逝於北京協和醫院之後。

孫中山的逝世令舉國震驚，當時他是各方公認的中華民國開國元首，也是推翻滿清、創造民國的國民黨領袖，因各方勢力爭鬥不休，當時他的葬禮成為各派軍閥、政治權力的角力場。由段祺瑞（圖3）臨時執政的中華民國政府擬實施「國葬」，但國民黨主張要「黨葬」，最後各自舉行追悼儀式，並議定遺體於三月十九日移至北京中央公園（今中山公園）社稷

圖1　孫中山
（楊蓮福先生提供）

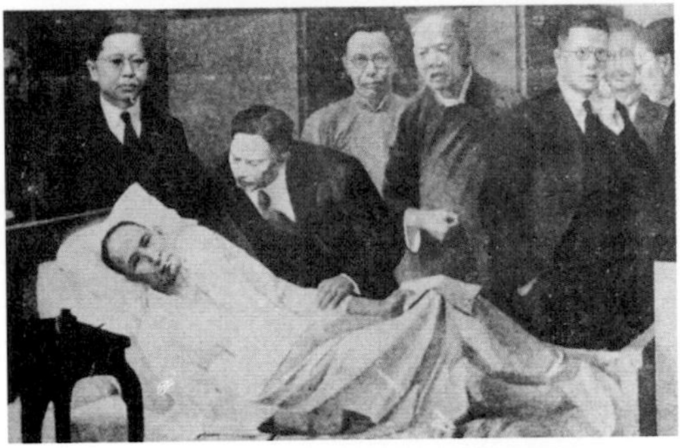

圖2　孫中山臨終時仍喊著：「和平！奮鬥！救中國！」
（楊蓮福先生提供）

圖3　段祺瑞
段祺瑞，安徽合肥人，皖系軍閥首領，曾三次出任國務總理，一九一六年至一九二〇年為北洋政府的實際掌權者，一九二四年至一九二六年為中華民國臨時執政。（楊蓮福先生提供）

圖4　碧雲寺今貌
位於北京香山公園北門內，坐北朝南。
（胡采蘋小姐提供）

圖5　北京孫中山紀念堂
原為普明妙覺殿，位於寺院的中心。一九二五年三月二十三日至二十五日，孫中山停靈於該殿，舉行三天公祭，宋慶齡及其親屬在這裡致祭。四月二日移至該寺金剛寶座塔石券門內暫厝，直到一九二九年五月中山陵落成後，遺體被移往南京紫金山。南京國民政府在此立「總理紀念堂」，一九五四年該殿進行過大修，並更名為「孫中山紀念堂」，由宋慶齡手書該堂名，製成紅底金字木橫匾，懸掛於正廳門上。
（胡采蘋小姐提供）

圖6　玻璃蓋鋼棺
一九二五年三月三十日蘇聯政府送來的玻璃蓋鋼棺，因孫中山已入殮，未使用。（胡采蘋小姐提供）

圖7　孫中山衣冠塚（金剛寶座塔）
四年後歸葬南京中山陵，換棺時脫下的禮服、禮帽放在原來的棺木裡，繼續葬入原處，為衣冠塚。（胡采蘋小姐提供）

壇前殿，二十四日開始舉行公祭[3]。四月二日，遺體移往北京香山[4]碧雲寺暫時安放（圖4、5、6、7），未立即下葬。

他驟然離世激起廣大的社會迴響，海內外出現各式追悼大會。為何會如此？

其實在一八九五年廣州起義（圖8）前，孫中山還

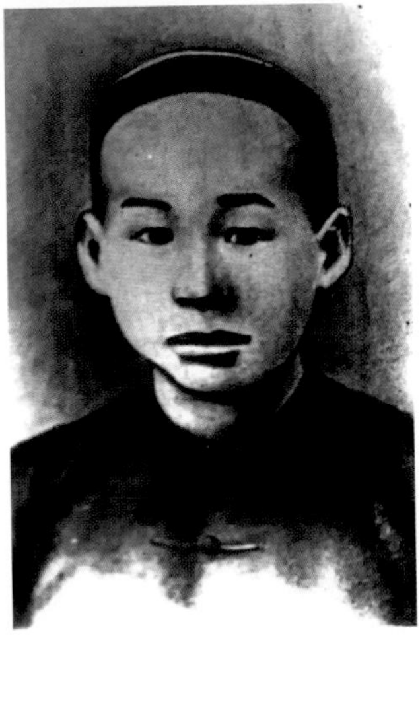

圖8　於廣州起義中犧牲的陸皓東
一八九五年農曆九月初九重陽節（十月二十六日）由興中會領導人孫中山率領鄭士良、陸皓東等人，準備襲取廣州，但事機洩漏，清朝廷展開搜捕，陸皓東被捕犧牲。（中國國民黨黨史館提供）

圖9　清朝廷位於倫敦的大使館（中國國民黨黨史館提供）

沒什麼知名度，直到一八九六年在倫敦遭清使館（圖9）綁架[5]囚禁，後因當時英國首相兼外交大臣沙士勃雷（Salisbury）對清使館施壓，才獲釋。此事件經英國媒體報導，孫中山不但是深獲同情的受害者，更是富有魅力的正人君子，因而聲名大噪。有英國首相相助，加上孫中山的英籍老師康德黎（圖10）撰寫的《倫敦蒙難記》，因此建立了英雄形象。一九〇三年，熱烈鼓吹革命的章士釗摘譯《倫敦蒙難記》，編成《大革命家孫逸仙》，把他定位為「東亞第一人」，指稱「有孫中山而中國始有可為」。

但當革命陣營同盟會一九〇五年成立時，被推為總理的孫中山，在宋

圖10 《倫敦蒙難記》作者康德黎
（中國國民黨黨史館提供）

教仁、譚人鳳、章太炎、陶成章等人認知中，既不是英雄，更不是聖人。

只是從中華民國建立以來，軍閥割據，國家分裂，革命的理想完全落空。而孫中山確立「聯俄、容共、扶助農工」三大政策，開始第一次國共合作，一九一九年因回應「五四新文化運動」的時代浪潮[6]，孫中山及國民黨被當時大多數人視為希望的象徵。

公開給予「國父」尊稱的第一人，是建國粵軍[7]總司令樊鍾秀。他在北京中央公園的追悼會場，特別製作一幅巨型橫額，寬丈餘，高五尺，上面寫著大大的「國父」兩字。

孫中山病逝三天後，作家周瘦鵑在《申報》專欄〈弔孫中山先生〉一

圖11　美國國父華盛頓

圖12　位於美國華盛頓特區的華盛頓紀念碑（駱芳美小姐提供）

文中寫道：「有孫中山先生，然後有中華民國。……美國人稱締造美國的華盛頓（圖11、12）為國父，我們對這位中華民國的華盛頓，也應當尊一聲國父。」

學者潘光哲認為：「國父」稱謂應是源自「美國國父華盛頓」的靈感。美國獨立戰爭領導人及第一任國家元首華盛頓，被十九世紀末中國知識分子視為「異國堯舜」。孫中山演講《三民主義》時，解說「民權主義」的意義，即常稱讚華盛頓「在爭人類平等的歷史上，是很有功勞的」。

國民黨也從三月二十一日起，因廣州國民政府留守代理大元帥胡漢民所寫：「孫大元帥不幸薨逝，漢民等痛喪國父」悼詞，尊孫中山為「國父」。

督師「東征」的蔣中正也在三月三十日發表悼詞說「我們孫總理是中華民國的國父，國父死了，我們應該做何感想？」隔日廣州《民國日報》社論也多次稱孫中山為「國父」。

僑界方面，給予「國父」尊稱，並持正面肯定者不在少數：三月二十四日在日本神戶中華會館舉行的追悼會，輓聯上有「受賜莫忘國父」等語；四月十二日印尼萬隆華僑民儀書報社的輓聯也有「國父云亡，南僑痛哭」。

不過還是人有認為孫中山是失敗的，例如梁啟超在北京《晨報》發表的文章說，雖然孫中山「意志力堅強、長於應變、操守廉潔」，但「總體上只是一名選擇了錯誤道路的失敗者」。畢竟從一九一三年二次革命[8]失敗直至一九二五年去世，孫中山在以成敗論英雄的中國人眼裡，擺脫不了失敗者的印象。曾受過孫中山打擊的廣東商團[9]，更攻擊他是「國之罪人，粵之公敵」，公開反對北洋政府授予「國葬」。

國民黨當然不能任憑孫中山的身後形象被貶損。當時國民黨立志要統一國家，但派系間的紛爭愈演愈烈，為了要繼承孫中山的影響力，必須加強自身的凝聚力。

於是，國民黨[10]中央[11]開始推行一系列措施，試圖透過孫中山崇拜來統一黨員的意志，鞏固黨的力量。於是刻意將紀念孫中山的活動變成制度化的準宗教儀式，以加強黨內的思想政治教育。

第一步是將孫中山的遺囑和言論拉抬到至高無上的地位，他逝世當年三月三十一日，國民黨在南京的中央執行委員全體會議通過接受總理遺囑的議案，日後每逢開會應先由主席恭誦總理遺囑，全場起立肅聽。

四月，建國粵軍總部要求所屬各部於每週一上午十時舉行總理紀念週，具體程序是：向孫中山像行三鞠躬禮，默念三分鐘，各官兵同時宣讀孫中山遺囑，各官兵長演說孫中山主義即革命歷史。這是國民黨陣營中最早制度化的總理紀念儀式；五月，國民黨第一屆三中全會又重申恭讀總理遺囑儀式。

對於國父的陵墓中山陵，國民黨意識到它不只是民族史上偉大的永久紀念，也具有中國文化與美術之不朽價值，因此要求其設計要突出鮮明的紀念性，要彰顯「革命導師」形象，又要展現平民精神，兼具遊覽功能，便於參觀、休憩，富有現代公園氣息，表達出時代新氣象，從而作為巨型的時代符號，某種程度上成為新的「中國象徵」。

當時向海內外公開徵求設計圖，年僅三十一歲的呂彥直（圖13）[12]潛心研究中國古代皇陵和歐洲帝王陵墓，參照紫金山地形，兩個多月後出爐的設計圖，因「合於中國觀念」且「融合中西文化」、「全體結構簡樸渾厚」、「形勢及氣魄極似中山先生之氣概及精神」被評為首獎，轟動一時。

著手興建中山陵的同時，留守廣州的國民黨中央執行委員會，在財政困窘下，仍透過要求政府職員捐薪、銷售孫中山紀念章、發動學生向社會勸捐、各縣長擔任定額募捐任務等方式，籌款在廣州修建孫中山紀念堂和紀念圖書館，國民的革命精神支柱孫中山既已不能復生，於是需要實體的紀念物來表徵，讓人們的記憶和情思得到寄託，從而煥發出熱情和力量。

圖13　中山陵的設計者呂彥直

孫中山逝世當年的七月一日，國民黨在廣州正式成立國民政府[13]，九月公布每年三月十二日為國父逝世紀念日，各機關學校應放假一天。隔年在廣東省舉行逝世一週年紀念，更要求各機關團體當天下半旗，且在正午十二時聽到觀音山鳴炮一響即起立默哀至再鳴砲一響為止。

一九二六年五月，國民黨正式確立總理紀念週儀式在國民黨體制內的法定地位。隨著國民黨逐漸掌握全國政權，這一儀式逐漸推廣開，取得國教般的地位，頻繁出現於政治領域，並逐漸影響到社會領域。直到一九四七年四月，南京政權「行憲」之際，才宣布停止各機關團體舉行總理紀念週，免讀國父遺囑，不懸掛國旗。

同年六月的國民黨中央常會上，海外部提出美國三藩市總支部的建議：美國有「華盛頓誕生日」，孫中山創建民國的功勞超過美國華盛頓，因此也應訂定他的誕生日為節日。經孫中山的兒子孫科確認一八六六年十一月十二日是孫中山生日，國民政府明令每年十一月十二日為孫公誕期慶祝日，一切典禮照國慶節舉行。

一九二八年，蔣中正復出擔任國民政府軍事委員會主席兼國民革命軍總司令，並於三月底渡江展開北伐行動。紛擾之際的三月十二日，是孫中山逝世三週年，國民政府通令各省市政府及軍方舉行總理紀念大會，並舉行植樹典禮。中華民國成立後，本來規定每年清明為植樹節，後來為奉行孫中山「實業計畫」以及「造林」的民生建設，因此改定三月十二日為植樹節。

同年六月，蔣中正率軍進入北京，國民政府統一全國。七月六日，蔣中正、馮玉祥、閻錫山及李宗仁等於香山碧雲寺祭奠孫中山，由蔣中正主祭，宣讀個人名義撰寫的祭文，他事前即表明：「生平第一任務即為祭總理靈。」並於恭謁孫中山遺容時放聲大哭，這位在北伐中迅速崛起、並完成孫中山南北統一遺志的政治新秀，藉此自我塑造為孫中山後繼

圖14 自由主義學者胡適

者的形象，以宣示自己的地位。

十月，國民政府任命蔣中正為國民政府主席兼陸海空軍總司令，並決定盛大舉辦孫中山總理誕辰紀念日。通令各黨部制定慶祝辦法，並明訂紀念標語內容：「總理誕辰是中華民族獨立自由的曙光開始放射的一日、總理誕辰是人類得救的無上福音、紀念總理誕辰要完成總理遺志」等，另印製《總理遺教摘要》以供宣傳。

這是國民黨維繫集體記憶與認同的手段，每逢孫中山的逝世紀念日和誕辰日，全國放假，國民黨中央要組織大規模的謁陵及紀念活動。特別在逝世紀念日時，全國各機關、團體、學校一律下半旗，全體黨員及公務員一律臂纏黑紗，娛樂集會及其他喜慶典禮一律停止，各地還要舉行公祭典禮。

自由主義的胡適（圖14）對此批評道：「月月有紀念，週週作紀念週，牆上處處是標語，人人嘴上有的是口號……中國成了一個『名教』的國家。」一九二九年，胡適擔任校長的中國公學公開抵制舉行紀念週儀式，同時發表文章抨擊：「造成了一個絕對專制的局面，思想言論完全失去了自由。上帝可以否認，而孫中山不許批評」，「不能不說國民黨是反動的」。

等到中山陵於一九二九年興建完成，孫中山遺體從北京運到南京下葬後，國民黨更廣為宣揚孫中山等於「國父」的認知。當年元旦，《中央日報》出現孫中山為「國父」的論說，還說他是「我們的導師，人類的救星」。

元月十七日，國民黨中常會通過關於「總理奉安」的宣傳方案，孫中山成為絕無僅有的巨型政治符號：「總理是堅苦卓絕、崇高偉大的革命導師！是三民主義的創造者、中華民國的創造者！是中華民族的救星、世界弱小民族的救星！是中華民國的國父！」三月，國民黨決定賦予「總理遺教」正式法律效力，使之成為全黨全國的「最高根本法」。

刻意彰顯一個至大、至德、至聖的「總理」符號，是為了讓孫中山永垂不朽，以凝聚國人的民族國家認同，更強調對孫中山開創「道統」的承接，以及不容置疑的權威地位，即國民黨「承繼總理的遺志」，所有國民應「一致團結於三民主義之下」，始終「堅決擁護本黨、贊助本黨」。

六月一日，國民黨雖是以「黨葬」名義為孫中山靈柩舉行安葬典禮，但從迎櫬、公祭到奉安等程序和場面之繁瑣，更勝當時法定的國葬規格（圖15）。一方面將孫中山宣傳為一代

圖15　一九二九年六月一日孫中山靈柩奉安中山陵

偉人，為新中國至高無上的領袖象徵；一方面強調國民黨在革命的正統與領導地位。

安葬後隔日，蔣中正、胡漢民等前往謁陵。此後每年元旦、國慶日、孫中山祭辰紀念日、奉安紀念日、誕辰紀念日，國民黨中央往往在中山陵舉行大型紀念典禮，集體謁陵，不斷重溫「總理」的追求和期望，凝聚黨國的記憶和認同。

此外，國民黨先是組織萬人前往墓地參加安葬典禮，隔日起開放民眾參觀，謁陵的人不絕於途，每年皆超過十萬人，一九三五年則將近二十五萬人。中山陵成為具有某種公共意義，又有鮮明「黨化」色彩的儀式空間（圖16、17、18、19）。

圖16　中山陵今貌
（余錦文先生提供）

圖17 中山陵祭堂

祭堂內的孫中山坐像，身後是通向墓室的墓門。（余錦文先生提供）

圖18 中山陵之碑文

圖19 墓室內的孫中山臥像，靈柩位於臥像下方五米處（余錦文先生提供）

圖20 林森（楊蓮福先生提供）

圖21 蔣中正（楊蓮福先生提供）

在國民黨主導和全方位推動下，孫中山逝世十年後，已實際建構起「國父」形象。但「國父」名分的正式確立，卻是在中日戰爭烽火連天的一九三九年十一月，國民政府主席林森（圖20）提議：「此後應尊稱總理為中華民國國父，以表崇敬。」在對日抗戰期間，此提議也有激勵抗戰士氣的現實考量。

而隔年三月底，汪精衛選擇和日本合作，在南京另成立國民政府，聲稱自己是孫中山遺囑起草人，是正宗的繼承者，同樣尊崇孫中山為「總理」。

在重慶的蔣中正（圖21）不得不於國民黨中央常務委員會決議通過：該年的四月一日明令尊稱孫中山為中華民國國父。隨後又公佈，政府機關民眾團體一律改稱國父，黨內稱國父或總理均可。意即，透過發布尊稱「國父」的政令，以爭奪統治的正當性，尋求政治認同。至此，「孫中山＝總理＝中華民國國父」的論述公式，終告底成。

同年十一月十二日和隔年三月十二日開始改以「國父誕辰」和「國父逝世」的名義紀念。至此，孫中山的「國父」名分正式確立，並逐漸在各種正式場合和官方出版物中使用。

汪精衛的南京政府也在一九四一年五月尊稱孫中山為國父，定期舉辦逝世、誕辰等紀念日活動。相對於重慶的蔣中正政府只能「遙祭」，汪精衛政府位於中山陵所在的南京，能以「親祭」來展示「正當性」，重慶政府只能不斷批判汪精衛為背叛黨國、出賣民族的漢奸，以免孫中山圖騰被奪走。

一九四一年底，侵華日軍強行接收北京協和醫院，意外發現該院一九二五年為孫中山遺體做防腐手術時暗中留下來的一盒孫中山內臟切片，還有一冊臨床照片。汪精衛獲知此事欣喜異常，專程派外交部長與日軍首領交涉，將切片標本帶回南京中山陵安放，同時大造聲勢，舉行了隆重的「國父遺臟敬謹安放禮」，儼然一九二九年「奉安大典」重演。

一九四三年二月，汪精衛國民黨中央又制定「崇敬國父儀式」具體辦法，因為孫中山崇拜經過十餘年累積，已成為民國政治文化的重要成分，對當下的政治有一定影響力，因此汪精衛處處要突顯「國父」這塊招牌。

一九四五年九月重慶政府對日抗戰勝利，正式接受日本投降後，尚未還都南京，在緊接而來的國父誕辰，蔣中正立即派孫科、吳鐵城搭機飛往南京謁陵，重慶則由他親自主持紀念儀式。隔年還都南京後，蔣中正於國父逝世紀念日率黨國要員去中山陵謁陵，並進入墓室瞻仰遺容。

學者周俊宇指出：孫中山逝世後在政治上被塑造為民族偉人，這種塑造帶有某種程度的宗教意味。而且，是由國民黨所掌控的塑造，每個環節都與該黨利益緊緊相扣，與其說是塑造「國父」，不如說是塑造「黨國之父」。

一九四七年一月份《觀察》雜誌[14]刊載周綬章〈論「神話政治」〉一文中，指出國、共兩黨都在實行「神話政治」。同時評說孫中山原是一位最富平民意味的大政治家，但他逝世後，若干國民黨人士未能將其精神發揚光大，卻將他神化成為崇拜的偶像，貫徹到國家政策中，充分發揮「以黨治國」的精神。由於一切尊崇孫中山的禮儀都是「強制執行」，反而使民眾不易產生由衷的感念，甚至可能貶損他的偉大。

不過，「國父」神話的建構工程因國民黨的統治成績不佳，又碰到強勁對手共產黨，在中國大陸應該沒有達到預期功效，導致一九四九年失敗後撤退來臺。國民黨到臺灣後，又如何建構出國父信仰？

孫中山在日治時代與臺灣（圖22、23）的連結，後來成為國民黨在臺灣建構國父信仰的基礎。孫中山於日治時代前後來過臺灣三次，第一次是一九〇〇年九月二十八日，在此之前，陳少白曾兩度先行來臺，建立興中會臺灣分會。孫中山抵達臺北後，與兒玉源太郎及民政長官後藤新平會晤接洽武器，並在臺北新起町（今長沙街附近）設立革命指揮所，策劃惠州起義。

第二次是一九一三年八月五日，孫中山發動二次革命討伐袁世凱失敗後，與胡漢民離開上海，南下廣東，行經福建馬尾時，得知廣東局勢有變化，於是轉來臺灣，住在當時的御成町（今中山北路和北平西路交叉口）的「梅屋敷」（今逸仙公園中的國父史蹟紀念館）（圖24、25），在此留下歷史的足跡，後轉往日本神戶。

圖22　臺灣最早的孫中山塑像（1）
位於臺南佳里的金唐殿，前身「代天府」，建於一六九八年。一九二八年重修時，聘請來自大陸汕頭的剪黏大師何金龍，他當時順勢製作了這兩尊孫中山塑像，至今仍少為人知。

圖23　臺灣最早的孫中山塑像（2）

圖24　逸仙公園
為了配合鐵路地下化，國父史蹟紀念館北移了五十公尺，並擴為逸仙公園。

圖25　逸仙公園中的國父史蹟紀念館

孫中山二度來臺，就住在日人大和宗吉所經營「梅屋敷」，這座旅館建於一九〇〇年間，充滿濃濃的日式風格，總面積約四、五十坪。

第三次則是一九一八年六月一日。孫中山辭去廣州護法軍政府大元帥後，由胡漢民、戴季陶隨行，從廣州搭船經汕頭至臺灣，但一行人抵達基隆時，卻遭臺灣總督府阻撓，無法登岸，只好轉往日本。

日治時期臺灣知識分子蔣渭水等人深受孫中山提倡革命的理念與情操所影響，《臺灣民報》尊孫中山為「國民之父，弱小民族的領導者」。不僅在孫中山逝世時舉行紀念會，靈柩安放至中山陵時，臺灣民眾黨還派代表至中國大陸參加。

一九四五年國民政府接收臺灣後，陳儀在國父誕辰紀念會上致詞說：「中華民國是國父一手創造，收復臺灣則是其畢生志願……希望臺灣每一個同胞都是國父的孝子孝孫，臺灣每一塊土地都是三民主義實驗室，才能告慰國父在天之靈。」

隔年三月，臺灣省各界紀念國父逝世二十一週年大會籌備會，以「紀念國父應有之努力」、「怎樣加強軍民合作」為題，規定只有臺灣人能參加，三月十二日下午兩點在中山堂舉辦國語演說競賽會，當天早上則在中山堂舉行紀念大會。同一年林獻堂等臺灣仕紳籌組光復致敬團至中國大陸參訪時表示，該行最重要的意義之一即祭拜國父陵墓。

一九四七年的國父逝世紀念日正遇到二二八事件期間，僅臺灣省黨部舉辦紀念會，以「發揚服務精神，人人以服務為目的，不以奪取為目的，立志做大事，不希望做大官，以建立國父的理想社會」為紀念主題。

孫中山的國父形象雖是由黨國統治所建構出來的，但其歷史地位和個人形象很鮮明，仍會被視為理想的人格典範。例如曾前往南京任職記者後返臺的吳濁流[15]目睹臺灣光復初期的政治亂象曾說：「目前唯一的辦法是叫臺灣所有的公務員和各級民意代表到南京中山陵去請國父鑑定。這個辦法是叫他們參拜中山陵，要他們一口氣爬上三百六十級石階……再叫他們繞陵一周，讓他們領悟國父的偉大後，站在靈前向前展望……呈現在他們眼前的是廣大的山河，接著意識到山河下老百姓那可憐的喘息與掙扎的樣子。如果讓他們領悟到『革命尚未成功』，絕不敢貪汙，而會誠意做事。如果還有滿嘴三民主義而壞事照做的人，就算老百姓能緘口忍受，國父在天之靈還是不肯原諒他的。」

一九四九年國民黨敗退來臺灣之後，每逢國父誕辰必慎重舉行中樞紀念。儀式中，常有感嘆革命未成、愧對國父等種種自責之語。國父已無法復生或指導了，其人物形象就成了當權者的一項資源。這年的國父誕辰由當時名義上最高首長陳誠主持，說：「打倒賣國賊（指毛澤東），才是真正紀念國父。」

一九五〇年於中山堂舉行的紀念大會，由蔣中正總統親自主持，于右任報告闡釋國父遺教。隔年蔣中正致詞指出：過去大陸失敗的原因就是因為國民黨未深切研究國父遺教，也未將個人力量奉獻給國家與黨。到一九五四年的國父誕辰暨建黨六十年紀念大會上，蔣中正又說：「我們對於過去革命的失敗和挫折，心情是有無限的感慨，同時對於總理（即國父）

圖26　國父史蹟紀念館旁的碑

該碑立於一九五四年十一月中國國民黨建黨六十年，蔣中正特立此碑於國父史蹟紀念館邊，應有藉「國父」信仰來振作黨國革命精神的用意。碑文為「匡復中華之起點、重建民國的基地」。

和諸先烈亦覺得無限的慚愧。」（圖26）

在國民黨歷次中樞紀念會中，大抵都要陳述國父的人格、經歷、遺教、與臺灣的歷史淵源等；而蔣中正的前期大多強調革命尚未成功，應早日反攻大陸，後期則更強調中華文化的重要；蔣經國時期宣揚三民主義成為重點；九〇年代以後的李登輝時期則更強調「主權在民」等民主政治的落實。國民黨在每個時期似乎都以國父思想自我標榜，但呈現出來的主張卻又存在著差異。

連小學課本都以「國父小時候在村裡廟宇中，折斷神像手臂」的故事教育小學生，國父自幼即有打倒權威、破除迷信的勇氣。

一九六五年十一月十二日國父百年誕辰，國民黨決定要擴大舉行，邀請長年旅居國外的孫中山之子孫科夫婦來臺，蔣中正站

圖27　位於臺北的國父紀念館　國父紀念館的興建可透過館內巨型塑像和革命史蹟展覽，深化孫中山偉人形象在臺灣社會的具體呈現。

在總統府陽臺接受歡呼並昭告全國軍民：「我一定帶大家打回大陸，消滅毛匪，拯救大陸同胞，以告慰國父在天之靈」。隨後蔣中正在中山堂發表〈國父百年誕辰紀念文〉，除讚揚國父以繼承堯、舜、禹、湯、文、武、周公、孔子之道統為己任，更提示自身與孫中山的傳承關係，中午主持國父紀念館動土典禮（一九七二年完工）及國立中山博物院（即故宮博物院）落成啟用。

按學者周俊宇的研究：蔣中正透過紀念文的發表，再次確認孫中山權力的繼承，更透過孫科以血統繼承人來認定蔣中正在道統、政統繼承人的身分；國父紀念館的興建可透過館內巨型塑像和革命史蹟展覽，深化孫中山偉人形象在臺灣社會的具體呈現。而國民黨無法返回南京中山陵謁陵，國父紀念館（圖27、28）也

圖28　國父紀念館中的孫中山塑像

國民黨無法返回南京中山陵謁陵，而拜謁國父紀念館中的孫中山塑像，也具有取代的功能及意義。

圖29　位於臺北陽明山的中山樓前的牌樓

具有取代的功能及意義。

一九六六年的國父誕辰紀念儀式更將孫中山之於中華文化道統的象徵形象推到極致。蔣中正在陽明山中山樓中華文化堂落成（圖29、30、31）典禮上，發表落成紀念文指出：「幸我國父誕生，乃有三民主義之發明，而道統文化又一次集其大成。」隨後由孫科致詞，並帶領會眾高呼：「蔣總統萬歲！」再度認定蔣中正之於孫中山的傳承地位，更發起請政府明定國父誕辰為中華文化復興節。行政院迅速接受建議，立即呈請總統核定，並公布施行。

看似一天內決定的事情，實則早已經過安排。就意義而言，按學者蕭阿勤的見解：國民黨化約一套「中華文化─國父（孫中山）─領袖（蔣中正）」的道統序列，經由將孫中山道統化，進而宣稱蔣中正承繼其志業，無疑是在文化面向塑造蔣中正領導的國民黨才是中華民族的政治正統。

圖30　由蔣中正所提「中山樓」匾額

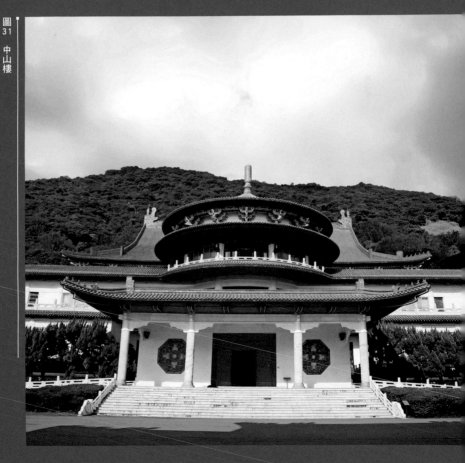

圖31　中山樓
蔣中正在陽明山建造中山樓，刻意將孫中山與中華文化連結，並透過孫中山之子帶領會眾高呼：「蔣總統萬歲！」確認了蔣中正之於孫中山的傳承地位。

中國共產黨定位孫中山為「資產階級革命家」，認為他推翻帝制、建立資產階級共和國，共產黨革命也是從此基礎發動的。因孫中山已過世，蔣中正帶領的國民黨在大陸已是明日黃花，紀念孫中山不會動搖統治基礎，反而可以當成一項政治資源。

中國共產黨大都是稱孫中山為「革命的先行者」，從未稱為國父。不過，建政前後都尊稱他是「中共的老師」和「革命的旗幟」，民間則有人沿襲民國時代稱孫中山為「國父」，另外孫中山夫人宋慶齡女士（留在大陸沒有隨蔣中正來臺），有時也被人尊稱為「國母」。

隨著臺灣解嚴（一九八七年七月十五日），國民黨為國父的定位是「現在唯一能使中國大陸、香港和臺灣同時認同的偉人，只有國父[16]」。

二〇〇〇年民主進步黨執政後，由國民黨定義的「國父」開始被挑戰。二〇〇二年，當時擔任法務部長的陳定南在行政院商議「紀念日及節日放假條例」草案過程中，對於國父誕辰紀念日與逝世紀念日，提出「誰是國父？」的問題。

陳定南認為我國憲法及現行法律中並未定義「國父」二字，必須先行定義，才能制定有關「國父」的立法條文，因此送審行政院的草案退回內政部再議。內政部以一九四〇年由國民政府主席和五院院長共同簽署的國民政府訓令，即明訂孫中山為國父，「國父」一詞存在「合法」的依據，因此表示我國國父是孫中山殆無異議。

二〇〇四年，當時考試院院長的姚嘉文一句「國父是外國人」引起爭議，時任考試委員的林玉體則直言：「『國父』是父權與專制國家才有的觀念，國父誕辰日亦應取消。又表示孫中山是革命行動家，但政治理論與學說卻不是一流的，怎可以說各種主義都有缺點，只有三民主義沒有缺點？」

但國民黨、新黨、親民黨都強調：「國父對中華民國有貢獻，受臺灣割日刺激而革命，曾數度來臺組織籌畫。」在這些政黨動員下，那一年十一月十二日國父誕辰紀念日大批支持者湧入國父紀念館參與紀念儀式，並向民進黨示威、抗議。時任總統的陳水扁和行政院最終出面定調：「孫中山就是中華民國國父。」強調「政治歸政治，歷史歸歷史」，希望能因此平息風波。

雖然如此，陳水扁政府仍持續重新定位孫中山之於臺灣歷史關係，包括高中歷史教科書取消「國父」尊號，並以總統府邀學者專家進行施政建言的「國父紀念會」，與紀念國父無關，於是改為「總統府月會」，且將總統府大廳的國父銅像撤換為樹盆等。

從國定節日來觀察，相較於二〇〇七年以來，民進黨政府廢除蔣中正紀念日等大動作「去蔣化」，孫中山並未遭到「去孫化」。當時擔任內政部部長李逸洋說：國內對「國父誕辰與逝世紀念日」沒有爭議，所以沒有廢除的意思。

就法律面來看，孫中山的學說是不可挑戰的，現行《中華民國憲法》開宗明義提到：「中華民國基於三民主義，為民有、民治、民享之民主共和國。」儼然三民主義是每個人、每個黨派都應該信仰的對象。而現行《中華民國刑法》第一百六十條規定：公然損壞、除去或汙辱中華民國國徽、國旗及創立中華民國之孫中山先生，將被處徒刑或罰金。

但畢竟「國父」孫中山崇拜的興起，純是由「黨」、「國」一體的國民黨所主導。雖然臺灣解嚴以來，孫中山的國父地位也遇過爭議，但國民黨自一九四五年臺灣光復後長期一黨專政，使國父的地位得以鞏固，加上「國父」這個符號與中華民國的存在高度相關，關係到國家認同的問題，因此只要中華民國繼續存在，國父的稱號就依舊具有正當性。

只是就現實面而言，國父對臺灣人而言，多了距離、少了感情。捫心自問：我們對國父有多熟悉？在個人印象中有多重要？還是只是百元紙鈔上的人像？如何將心心念念要「和平、奮鬥、救中國」的國父，轉成真正的「愛臺灣」，恐怕不是相關單位辦幾場「國父與臺灣」相關展覽等，就有說服力的！

附註

1. 一九二四年孫中山決定二次北伐，親至韶關督師。十月，北方軍閥張作霖、段祺瑞、馮玉祥電請孫中山到北京共商國是，孫中山還是不顧眾人反對北上展開了旅程。他由黃埔到香港，乘船至上海，再從上海取道日本，在神戶高等女校演講大亞洲主義。十二月四日到達天津，因天氣寒冷，舟車勞頓，加上不停接見賓客、商談國事及處理公務而病倒，病況略有好轉，又乘火車到北京。後來病況嚴重，住進設備首屈一指的協和醫院，檢查結果是罹患末期肝癌（參見註2）！知道來日無多後，孫中山把握時間指導同志如何與北京當局協商談判。隔年三月十一日正午，孫中山召集家人、同志，在汪精衛擬好的遺囑上簽字，隔日上午九點三十分，走完他的一生！

2. 外界一直以為孫中山死於肝癌。二〇〇四年海峽兩岸學者交流孫中山事蹟時，協和醫院展示一份編號九九五四、病患姓名「孫逸仙」的十三頁報告。報告顯示孫中山死於膽囊炎（癌）。

3. 段祺瑞政府起初不同意在中央公園社稷壇停靈公祭，經國民黨力爭才讓步，並應允參加公祭活動。可是公祭當天，臨時通知治喪處說段祺瑞因腳腫不能親自致祭，派內務總長龔心湛代表。

4. 香山即西山，北京人習慣用方位來稱呼，香山因在西方，故習稱西山。

5. 參與「綁架」的是清使館參贊英國人馬格里（Halliday Macartney），他原本不想幫助清使館囚禁孫文，認為此舉必遭致無窮禍患，但在駐英公使龔照瑗的要求下，為了保住工作，不得不配合行動。

6. 當時，孫中山正在上海，當即指示時任《民國日報》總編輯和經理的邵力子發動上海學生響應北京學生的行動。在孫中山的鼓勵和支持下，上海學生破天荒第一次在帝國主義統治的地區，公開舉行愛國救亡反帝遊行。

7. 原為反袁世凱護國戰爭期間，陳炯明號召舊部組成「粵軍」。一九二二年初，孫中山與陳炯明之間的矛盾日增，粵軍內部分裂，部分軍官效忠陳炯明，部分支持孫中山。一九二三年初，大部分中級軍官主力投向孫中山，同時聯合其他部隊，將陳炯明驅離廣州。一九二四年初，孫中山重回廣州，粵軍改名為「建國粵軍」。

8. 二次革命是孫中山等國民黨人於一九一三年發動反對袁世凱的武裝革命，又稱為「討袁之役」。

9. 廣州商團事變是指一九二四年八月，因廣州商團和商界反對孫中山組織的廣州軍政府而引發一場流血衝突事件。事件結束後，黃埔軍校利用收繳商團的大批槍械成立教導團，成為國民革命軍的基礎。

10. 一九二四年一月，中國國民黨舉行第一次全國代表大會，宣布黨內改組完成，同時同意蘇聯「聯俄容共」的要求。一九二五年以蔣中正領導的黃埔軍校師生發動東征，平定廣東，奠定隔年北伐的基礎。

11. 孫中山過世之時，國民黨內最具實力的人是汪精衛、胡漢民和廖仲愷。

12. 呂彥直（一八九四至一九二九年），山東人，幼年隨其姐僑居巴黎，後進北京五城學堂，曾受教於翻譯名家林紓。一九一一年考入清華學堂留美預備部，一九一三年畢業，以庚子賠款公費派赴美國留學，入康乃爾大學，先攻讀電氣專業，後改學建築。畢業前後曾擔任美國著名建築師亨利•墨菲的助手，參與金陵女子大學（今南京師範大學）和燕京大學（今北京大學燕園）校舍的規劃和設計。回中國後，在上海開設彥記建築事務所。

13. 袁世凱死後，軍閥割據，南方各省逐漸脫離北洋政府。一九一八年七月，雲南和兩廣人士退出國會，成立廣州軍政府，形成南北對峙。一九二五年，孫中山北上商討國事，不料病逝北京。中國國民黨為統一全國，同年七月一日在廣州正式成立國民政府，以汪精衛為主席，並設置軍事委員會，以蔣介石、汪精衛、譚延闓為常務委員，並取消各地方部隊名稱，統一稱為國民革命軍，計畫北伐。

14. 《觀察》是一份曾在中國影響巨大的週刊，主編是儲安平，一九四六年九月一日創刊於上海，成為中國自由主義知識分子最重要的論壇，曾被譽為「高級言論刊物」。一九四八年十二月二十四日被中華民國政府查封，共出五卷十八期。

15. 吳濁流是新竹縣新埔鎮人，臺灣著名詩人、教師、記者、小說家。出生於一九〇〇年，曾於一九四一年前往中國大陸，任南京《大陸新報》記者，直至一九四三年返臺，擔任《臺灣日日新報》記者。

16. 一九九四年十一月，中研院院士金耀基於國民黨中樞紀念國父誕辰典禮中的報告中所提到的。

大事記

1895 ■廣州首次起義失敗

1896 ■倫敦蒙難

1900 ■九月二十八日，孫中山第一次來臺

1913 ■八月五日，孫中山第二次來臺

1918 ■六月一日，孫中山第三次來臺

1925 ■三月十二日，孫中山逝世

■三月三十一日，通過總理遺囑

■四月，決定修建中山陵

■五月，國民黨一屆三中全會，重申恭讀總理遺囑儀式

■七月一日，國民黨在廣州正式成立國民政府（一九二五年七月一日至一九二六年十二月五日）

■九月十二日，公布大元帥逝世紀念日

1926 ■五月十五日，確立總理紀念週儀式在國民黨體制內的法定地位

■六月，訂定孫中山誕生日為節日

1927 ■二月二十一日，國民政府自廣州遷至武漢
武漢國民政府（一九二七年二月二十一日至一九二七年八月十九日）
南京國民政府（一九二七年四月十八日至一九三七年十一月十七日）

1928 ■三月十二日，孫中山逝世紀念日做為植樹節的開始

- 七月六日，蔣中正完成北伐後於香山碧雲寺祭奠孫中山，並宣讀個人名義撰寫的祭文
- 年底，以蔣中正為核心的國民黨取得全國政權，開始實施「訓政」
- 十一月十二日，盛大舉辦孫中山總理誕生紀念日

1929
- 一月十七日，國民黨中常會通過關於「總理奉安」的宣傳方案
- 三月，國民黨召開第三次全國代表大會，決定賦予「總理遺教」正式的法律效力
- 六月一日，孫中山正式安葬

1939
- 十一月，國民黨第五屆六中全會，國民政府主席林森提議：「此後應尊稱總理為中華民國國父，以表崇敬。」

1940
- 三月二十一日，中國國民黨中央常務委員會決議尊稱本黨總理為國父
- 三月三十日，汪精衛等人宣告「還都南京」，舉行典禮，一樣尊崇孫中山為「總理」
- 四月一日，重慶國民政府明令尊稱孫中山為中華民國國父
- 十一月十二日，以「國父誕辰」為名慶祝此日

1941
- 三月十二日，開始以「國父逝世」的名義紀念此日

1942
- 三月，汪精衛大造聲勢，舉行了隆重的「國父遺臟敬謹安放禮」

大事記

1943 ■二月，汪精衛國民黨中央制定「崇敬國父儀式」具體辦法，通令全國一體執行

1945 ■九月，抗戰勝利

1946 ■還都南京

1965 ■十一月十二日，位於臺灣的國父紀念館破土

1966 ■陽明山中山樓落成，並定國父誕辰為中華文化復興節

1972 ■五月十六日，國父紀念館落成

徵引書目

壹 專書

1.李定一，《中美早期外交史（一七八四年至一八九四年）》，臺北，三民書局，一九八五年一月再版。

2.李仙得原著，費德廉（Douglas L.Fix）、蘇約翰（John Shufelt）主編，羅效德、費德廉譯，《臺灣紀行》（譯自：Charles W. Le Gendre notes of travel in Formosa），臺南，國立臺灣歷史博物館出版，二〇一三年九月。

3.林明德，《袁世凱與朝鮮》，中央研究院近代史研究所專刊（26），臺北，中央研究院近代史研究所，一八八四年十二月再版。

4.（美）湯姆．斯丹迪奇（Tom Standage）著，吳平、葛文聰、滿海霞、鄭堅、楊惠君譯，《歷史六瓶裝：啤酒、葡萄酒、烈酒、咖啡與可口可樂的文明史》，臺北，聯經出版社，二〇〇八年十月初版第二刷。

5.（美）埃里克．杰．多林（Eric Jay Dolin）著，朱穎譯，《美國和中國最初的相遇——航海時代奇異的中美關係史》（When America First Meet China：An Exotic of Tea,Drugs,and Money in the Age of Sail），中國北京，社會科學文獻出版社，二〇一四年一月。

6.季平子，《從鴉片戰爭到甲午戰爭》，臺北，雲龍出版社，二〇〇一年十月。
7.唐晉主編，《大國崛起》，中國北京，人民出版社，二〇〇六年十二月。
8.許佩賢，《太陽旗下的魔法學校——日治臺灣新式教育的誕生》，新北市新店，東村出版，遠足文化發行，二〇一二年十一月。
9.陳政三譯著，愛德華．豪士（Edward H. House）原著，《征臺紀事：牡丹社事件始末》，臺北，臺灣書房，二〇一一年十二月初版二刷。
10.陸奧宗光著，陳鵬仁譯，《甲午戰爭外交秘錄》，臺北，海峽出版社，二〇〇五年五月。
11.《國父事蹟紀要》，臺北，國父紀念館，二〇〇七年十二月第三刷。
12.梁華璜，《梁華璜教授臺灣史論文集》，新北市板橋，稻鄉出版社，二〇〇七年十月。
13.黃昭堂著，廖為智譯，《臺灣民主國之研究：臺灣獨立運動史的一斷章》，臺北市，前衛出版社，二〇〇五年。
14.黃昭堂著，黃英哲譯，《臺灣總督府》，臺北市，前衛出版社，二〇一三年七月。

15. 黃秀政，《臺灣割讓與乙未抗日運動》，臺北，臺灣商務印書館，一九九二年十二月。
16. 黃嘉謨，《美國與臺灣（一七八四—一八九五）》，中央研究院近代史研究所專刊（14），一九七九年十一月二月。
17. 黃宇和，《孫逸仙倫敦蒙難真相：從未披露的史實》，臺北，聯經出版公司，一九九九年初版第三刷。
18. 楊蓮福，《圖說民國百年》，臺北，博揚文化，二〇〇一年九月。
19. 潘光哲，《華盛頓在中國——製作「國父」》，臺北，三民書局，二〇〇六年。
20. 駱芬美，《被誤解的臺灣史：一五五三—一八六〇之史實未必是事實》，臺北，時報文化，二〇一三年二月。
21. 駱芬美，《被混淆的臺灣史：一八六一—一九四九之史實不等於事實》，臺北，時報文化，二〇一四年一月。
22. 藍博洲編著，《民族純血的脈動：日據時期臺灣學生運動：一九一三—一九四五年》，臺北，海峽學術，二〇〇六年八月二十日。

貳　論文（期刊、論文集）

1.小熊英二著，吳玲青譯，〈臺灣領有〉，薛化元主編，《近代化與殖民——日治臺灣社會史研究文集》，臺北市：臺大出版中心出版：臺大發行，二〇一二年四月，頁六十二至一一〇。

2.王立新，〈近代基督教傳教運動與美國在華商業擴張〉，中國，《世界歷史》一九九七年第二期，頁二十六至三十二。

3.王世慶，〈外國記者和外商筆下的乙未之役〉，《臺灣風物》第三十九卷第二期，一九八九年六月，頁八十一至九十三。

4.牛道慧，〈舊廣州貿易時期美國商人與鴉片貿易（一七八四—一八四〇）〉，《大葉大學通識教育學報》第十一期，二〇一三年五月，頁五十五至八十四。

5.牛道慧，〈十九世紀前期美國在華傳教士對鴉片貿易的態度及其影響〉，臺灣桃園，《龍華科技大學學報》第三十三期，二〇一三年六月，頁一六七至一九〇。

6.井上聰，〈臺灣第七代總督明石元二郎與同化政策〉，《臺灣風物》，三十七卷第一期，一九八七年三月，頁三十三至五十二。
7.白馥蘭（Francesca Bray）著，費絲言譯，〈第五章邁向批判的非西方科技史〉，古偉瀛等譯，卜正民（Timothy Brook），Gregory Blue 主編，《中國與歷史資本主義：漢學知識的系譜學》（譯自 China and historical capitalism:genealogies of sinology knowledge），臺北市，巨流圖書公司，二〇〇四年，頁二一九至二八〇。
8.伊藤幹彥，〈臺灣民主國與劉永福——劉永福的反日意識〉，《遠東學報》第二十九卷第二期，二〇一二年六月，頁五十五至六十六。
9.李霞、李恭忠，〈領袖崇拜與民族認同——華盛頓、孫中山和毛澤東崇拜比較研究〉，《天府新論》二〇〇六年第二期，頁一二八至一三二。
10.李恭忠，〈孫中山崇拜與民國政治文化〉，《二十一世紀》雙月刊，第八十六期，二〇〇四年十二月號，頁一〇一至一一一。
11.李恭忠，〈孫中山：英雄形象的百年流變〉，中國江蘇，《江蘇大學學報（社會科學版）》第十三卷第五期，二〇一一年九月，頁二十八至三十二。
12.吳奇浩，〈清代臺灣之奢靡風氣〉，《臺灣史研究》第十二卷第二期，民國九十四年十二月中央研究院臺灣史研究所，頁三十五至七十四。

13.吳密察，〈一八九五年「臺灣民主國」的成立經過〉，臺北，《國立臺灣大學歷史學系學報》第八期，一九八一年十二月，頁八十三至一〇八。
14.吳密察，〈乙未之役中的劉永福〉，《鄭欽仁教授榮退紀念論文集》，新北市，稻鄉出版社，一九九九年，頁三三〇至三五〇。
15.林麗月，〈衣裳與風教——晚明的服飾風尚與「服妖」議論〉，《新史學》十月號第三期（一九九九年），頁一一一至一五七。
16.林滿紅，〈貿易與清末臺灣的經濟社會變遷（一八六〇—一八九五）〉，《食貨》九卷四期，一九七九年四月，頁一四六至一六〇。
17.胡秋原，〈甲午戰爭的原因、結果與教訓〉，《中日甲午戰爭一百周年學術研討會與史料展覽會論文輯》，臺北，國家建設文教基金會編印，一九九四年八月，頁十九至二十八。
18.孫俊傑，〈論十八、十九世紀美國對臺灣的侵略主張與活動〉，中國河南，《河南社會科學》，一九九七年第二期，頁四十一至四十五。
19.許介鱗，〈日本設下圈套的戰爭——中日甲午戰爭〉，《中日甲午戰爭一百周年學術研討會與史料展覽會論文輯》，臺北，國家建設文教基金會編印，一九九四年八月，頁七十六至七十九。

20.陳才俊，〈傳教士與臺灣形象在美國之早期傳播與建構〉，中國廣東廣州，《暨南學報》（哲學社會科學版）總第一七七期，二〇一三年第十期，頁七十二至八十二。
21.陳俊宏，〈李春生與禮密臣的一段軼事——一八九五年日軍和平占領臺北城事件的發微〉，《臺北文獻》直字一二三期，一九九七年十二月，臺北文獻委員會，頁三十七至六十九。
22.陳勳，〈鄭氏時期的田賦負擔〉，《中國社會經濟史研究》一九八二年第三期，頁四十七至五十四。
23.陳慧先，〈華麗島看中國：日治時期臺灣公學校歷史、地理科的支那意象〉，《臺灣文獻》第六十二卷第三期，頁九十三至頁一二四。
24.梁華璜，〈日本併吞臺灣的醞釀及其動機〉，《臺灣總督府的「對岸」政策研究—日據時代臺閩關係史》，新北市板橋，稻鄉出版社，二〇〇一年，頁一至三十六。
25.張民光、劉煥雲，〈丘逢甲之客家文化意識與愛臺思想研究〉，《聯大學報》第二期，二〇〇五年，頁二八八至三〇二。
26.野村明宏著，阮文雅譯，〈殖民地近代化統治中的社會學——從後藤新平的臺灣統治談起〉，薛化元主編，《近代化與殖民——日治臺灣社會史研究文集》，臺北市：臺大出版中心出版：臺大發行，二〇一二年四月，頁一五三至一九五。

27.楊護源、黃秀政，〈丘逢甲與一八九五年反割臺運動〉，《文史學報》第二十六期，臺中，中興大學，頁二四三至二六一。

28.潘光哲，〈「國父」形象的歷史形成〉，《第六屆孫中山與現代中國學術研討會論文集》，臺北，國父紀念館，二〇〇三年，頁一八三至二〇〇。

29.駱芬美，〈近代日本覬覦臺灣的開始——從一八七四年牡丹社事件談起〉，謝祖松主編，《中日甲午戰爭一百二十周年紀念學術研討會論文集》，臺北，銘傳大學法律學院，頁一一七至一四六。

30.謝佳卿，〈臺灣民主國與劉永福〉，《臺灣文獻》第五十二卷第二期，臺灣南投，臺灣省文獻委員會，二〇〇一年六月三十日，頁三五七至三八四。

參

學位論文

1.牛道慧，〈鴉片戰爭前在廣州的美國商人（一七八四—一八四四）〉，臺北，中國文化大學史學研究所博士論文，二〇〇九年十一月。
2.李瑋裕，〈論臺灣民主國北路抗日〉，臺北，臺北市立教育大學歷史與地理學系碩士論文，二〇一二年三月。
3.林日杖，〈鴉片戰爭前後外國在華洋行經濟活動初探〉，中國，福建師範大學碩士論文，二〇〇一年五月。
4.林仁傑，〈一段跨時代的故事：臺灣學生運動史研究（一九二〇—一九九四）〉，臺北，臺灣師範大學教育研究所碩士論文，二〇〇四年。
5.吳昭英，〈乙未戰役中桃竹苗客家人抗日運動之研究〉，臺北，國立政治大學日本日本語文學系碩士論文，二〇一〇年七月。
6.周俊宇，〈塑造黨國之民——中華民國國定節日的歷史考察〉，臺北，國立政治大學文學院臺灣史研究所碩士論文，二〇〇八年七月。
7.翁詩怡，〈英國與甲午戰爭〉，臺北，國立臺灣師範大學歷史研究所碩士論文，二〇〇九年八月。
8.陳華，〈美國傳教士與晚清中美政治〉，中國，江西師範大學文化與旅遊學院碩士論文，二〇〇五年五月。

9.陳廣文，〈臺北府城興築與拆除之研究〉，臺北，淡江大學歷史學系碩士論文，二〇〇九年六月。
10.陸健熾，〈晚清臺灣兵制的變化──以楝軍為例〉，臺南，國立成功大學歷史研究所碩士論文，二〇〇七年六月。
11.許毓良，〈清代臺灣的軍事與社會──以武力控制為核心的討論〉，臺北，國立臺灣師範大學歷史學系博士論文，二〇〇四年四月。
12.馮佳雯，〈支配者的腳印：日治時期臺灣總督巡視之研究〉，臺灣中壢，國立中央大學歷史研究所碩士論文，二〇〇四年六月三十日。
13.曾學奎，〈臺灣客家《渡臺悲歌》研究〉，國立新竹師範學院進修暨推廣部教師在職進修，臺灣語言與語文教育研究所語文教學碩士班碩士論文，二〇〇三年十二月。
14.楊樓，〈美國基督新教傳教士彼得·伯駕研究〉，中國，河北師範大學碩士論文，二〇一〇年三月十八日。
15.楊護源，〈丘逢甲：清末臺灣仕紳的個案研究〉，臺中，國立中興大學歷史系碩士論文，一九九六年六月。

16. 溝上雄紀，〈臺灣總督明石元二郎生平研究〉，高雄，國立中山大學中國文學系研究所碩士論文，二〇一〇年。
17. 廖代翔，〈日本大陸擴張政策思想之探討：以內田良平為中心〉，臺北，國立臺灣師範大學歷史學系博士論文，二〇一〇年。
18. 蔡承豪，〈從染料到染坊——十七至十九世紀臺灣的藍靛業〉，臺灣南投，國立暨南國際大學歷史研究所碩士論文，二〇〇二年五月。
19. 蔡承豪，〈天工開物——臺灣稻作技術變遷之研究〉，臺北，國立臺灣師範大學歷史研究所碩士論文，二〇〇九年七月。
20. 蔡蕙光，〈日治時期臺灣公學校的歷史教育——歷史教科書之分析〉，臺北，國立臺灣大學歷史研究所碩士論文，一九九九年。
21. 劉至耘，〈清末北臺灣茶葉的貿易（一八六五—一八九五）〉，臺灣南投，國立暨南國際大學歷史研究所碩士論文，二〇〇六年一月。
22. 劉貽萍，〈劉永福形象研究——以乙未戰役為中心〉，臺北，國立臺灣師範大學歷史學系碩士論文，二〇一二年六月。
23. 藤井志津枝，《日據時期臺灣總督府的理蕃政策》，臺北，臺灣師範大學歷史研究所，一九八九年十二月。
24.謝佳卿，〈光緒乙未之役與劉永福〉，臺南，國立成功大學歷史研究所碩士論文，一九九九年六月。
25.鍾淑敏，《日據初期臺灣總督府統治權的確立（一八九五—一九〇六）》，臺北，國立臺灣大學歷史學研究所碩士論文，一九八九年。

肆

研討會論文、報章雜誌及網路文章

1.呂崢，〈袁世凱一戰成名：朝鮮甲申兵變始末〉，《人民網—文史頻道》，二〇一一年四月十二日。http://history.people.com.cn/BIG5/198819/207809/14365264.html（二〇一四年五月五日瀏覽）
2.朱真一，〈伯嘉醫生（Dr. Peter Parker）催促美國合併臺灣〉，《臺灣醫界》二〇一〇，Vol.53, No.9，頁五十四至頁五十八。http://www.tma.tw/ltk/99530911.pdf （二〇一四年五月二十日瀏覽）
3.《翱翔福爾摩沙——英國外交官郇和晚清臺灣紀行》。http://www.wunan.com.tw/www2/download/preview/8V12.PDF （二〇一四年六月十一日瀏覽）

4. 郭衛東，〈十九世紀初葉歐美國家對華貿易反差現象研究〉，《安徽史學》（合肥）二〇一三年二期。http://www.iqh.net.cn/info.asp?column_id=8358（二〇一四年六月十一日瀏覽）

5. 陳毓鈞，〈《馬關條約》與美國的角色〉，《海峽論壇》五十二期，一九九五年四月號，割臺國恥百年祭。http://www.haixiainfo.com.tw/52-5680.html（二〇一四年五月二十四日瀏覽）

6. 陳玉美，〈馬士（H.B. Morse，1855-1934）與臺灣民主國〉，《九十九年度崑山科技大學教師校內專題研究計畫成果報告專輯》。http://ir.lib.ksu.edu.tw/bitstream/987654321/14400/2/99.pdf（（二〇一四年十一月十九日瀏覽）

7. 陳惠齡，〈南臺灣水仙宮探究〉。http://www.ncku.edu.tw/~chinese/journal/JRCS3/07.pdf（二〇一四年十二月三日瀏覽）

8. 許介鱗，〈一八九五年臺灣比日本經濟富裕進步——Taiwan : a richer land than Japan〉，《臺灣日本綜合研究所》。http://blog.nownews.com/article.php?bid=4179&tid=115419（二〇一四年十月十二日瀏覽）

9. 許錫慶，〈以培養通譯為目的而設立之國語傳習所〉，《臺灣文獻館電子